高爱军校长教育文集

情润教育

为每一个生命成长助力

高爱军 ◎ 著

首都经济贸易大学出版社

Capital University of Economics and Business Press

·北 京·

图书在版编目（CIP）数据

情润教育：为每一个生命成长助力／高爱军著. ——
北京：首都经济贸易大学出版社，2023.9
ISBN 978－7－5638－3546－1

Ⅰ. ①情… Ⅱ. ①高… Ⅲ. ①小学－校长－学校管理
－文集 Ⅳ. ①G627.1－53

中国国家版本馆 CIP 数据核字（2023）第 122493 号

情润教育——为每一个生命成长助力

QINGRUN JIAOYU——WEI MEIYIGE SHENGMING CHENGZHANG ZHULI

高爱军　著

责任编辑	晓　地
封面设计	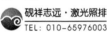 砚祥志远·激光照排　TEL: 010-65976003
出版发行	首都经济贸易大学出版社
地　　址	北京市朝阳区红庙（邮编 100026）
电　　话	（010）65976483　65065761　65071505（传真）
网　　址	http://www.sjmcb.com
E－mail	publish@cueb.edu.cn
经　　销	全国新华书店
照　　排	北京砚祥志远激光照排技术有限公司
印　　刷	北京九州迅驰传媒文化有限公司
成品尺寸	170 毫米×240 毫米　1/16
字　　数	235 千字
印　　张	13.5
版　　次	2023 年 9 月第 1 版　2023 年 9 月第 1 次印刷
书　　号	ISBN 978－7－5638－3546－1
定　　价	58.00 元

前　言

伏案深思，心有一股激情，想和自己说说话。我从 1990 年 8 月参加工作至今，已有 32 载，从一名普通教师到一名成熟校长，从一名共青团员到一名共产党员。我内心是欢喜的，因为我热爱教师这一职业；我内心是富足的，因为我无论做什么，都竭尽全力；我内心是骄傲的，因为党和人民、各级领导给予我许多荣誉；我内心又是惶恐的，因为我觉得自己没有什么特别的贡献。我打开邮箱，打开微信，打开我电脑的文件夹，翻阅我写下的成熟与不成熟的各种文章、各种思路和计划、各种讲话稿、各种交流发言等，想用它们和我一起回忆走过的路。我有一句喜欢的格言：即使脚印被风雪掩埋，我也珍爱走过的路程。我为选择教师这一职业，无怨无悔。

梳理思绪，回忆我第一天上班时，因为自行车车技一般，连人带车摔在石子路上，膝盖上的疤痕是我的印记；第一次上讲台时面对一个个鲜活的生命，眼中闪烁的泪光是我的印记；1996 年当领导找我谈话，让我当副校长时，心中的胆怯是我的印记；2002 年参加大兴区首届校长论坛，我在论坛上发言，嘭嘭的心跳是我的印记；2015 年 7 月走进二小，心中油然而生的使命感是我的印记。一串串回忆与一篇篇文字水乳交融，成为我成长的见证，成为我教育生命的历程。这些文字，有的青涩，有的认识片面，有的文字琢磨不够，但它足够真实。

本书分为两部分，第一部分是对教育的认识和思考；第二部分是工作中的痕迹，主要是做校长以后的教学工作方式。本来梳理成集是想自己看的，后来有一种冲动，想和朋友们一起分享。这是一本文集，不敢称为书，文集的主题是：情润教育，为每一个生命成长助力。情润教育，既契合了现在大兴二小的办学教育理念，也印证了我做教师的初心，就是用情用心做教师，做校长，做教育。在刚做校长时，我心中有一个目标，就是一定努力让自己的个人素质与职位距离越来越近，因为我的责任是为每一个生命成长助力，要让每位教师和学生尽量发展。

感谢赐予我美好的一切，感谢一切教育我、帮助我、指引我的人，以及我爱的老师、学生们，因为有你们，我的教育人生才有丰富的内涵。32 年教学生涯，其中 6 年班主任，4 年副校长，20 年校长，有笑有泪，有成功有失败，请大家批评指正，不吝赐教。

目　录

第一篇　发表文章

第二篇　工作随笔

第一篇

发表文章

校长要当好带头人

　　究竟怎样培养、启发和鼓励学生在学习上自觉自愿呢？为了把学生的这种愿望变成现实，我们要进行教学改革。也正是教学改革的空间使我们的头脑得到了发挥的空间，许多学校领导已经在大显身手。"让我们的教师跟着我们大干一场吧！"这是许多学校领导的心声，也是当今教育改革出现勃勃生机的重要原因之一。但是我们也不难发现，许多学校是领导工作欲望很强，但教师却认为教学改革是领导思考的事情，我们跟着走就行了，所以形成了领导大干，教师小干，领导小干，教师踏步的现象。我们要研究改革，就是要认真探索，积极实践。我从两方面谈谈做法和收获。

一、校长的意识与教师的意识是约等于关系

　　进行教学改革的首要任务是校长与教师的观念要一致，要共同为一个目标而努力。几年的工作经验使我认识到，校长的意识与教师的意识是约等于关系，校长的意识不能决定教师的意识。

　　俗话说十个手指伸出来还不一样长呢，何况我们的教师是一个有思想、有独立见解的群体。我们应该做到尊重教师的意识和见解。我们在教学中承认学生是有差异的，要因材施教，那我们为什么不承认教师也是有差异的，也应因人而异呢。当我们在教学管理中实施一个新的方案时，要形成一种新的意识，力求与教师的意识形成约等于的关系，管理者与教师的意识永远不可能一致，约等于已是最好的平衡关系了。当约等于的意识形成之后，教师即使不积极去做，也会觉得这种接近于自己见解的方案还是可行的，愿意试一试。如果有一部分教师愿意试一试，说明我们的教学改革计划开始实施了，

教学改革势态正在蔓延。

我校进行全面教学改革已有四五年的时间了。当初学校领导把抽测学生能力的计划在教代会上进行研讨时，许多教师不认可，认为这是学校领导为了监控教师而制定的考核制度，增加了教师的负担。学校领导当即决定在 2002 年 3 月至 7 月试验，然后再进行讨论。在这个学期内，我们边学习素质教育理论，边操作抽测项目，每个月进行一次抽测。四个月分别是口算、朗读、写作、数学应用题。每月进行一次评比，教师和学生的热情很高，这学期下来，大多数教师认可了这种做法，其他教师希望抽测的项目要进行有针对性的指导，也算认可了。因为从抽测的结果中教师对自己的工作有了重新认识，找到了所得和所失。从那时起到现在，我们一直坚持抽测学生能力这项改革内容，边实施边修改，已逐渐完善，并扩展到一些科任项目，学生掌握的知识技能有了很大提升。

二、校长的作用是创设教学改革的氛围

如果有一种神奇的力量，我愿意借助它完成我的心愿，让所有教师都有一种大胆改革的欲望。这是我的梦想。

当然，这不可能在短时期实现，那么，我现在的任务就是创设一种氛围，一种学校内积极向上的氛围。校长在创设这种氛围的工作中的作用是举足轻重的。要创设这种氛围可以用三角形的层次关系来解释，如图 1 所示：

图 1

校长应该高瞻远瞩，用接收的外界信息加上自己独特的领导才能，制订出本校教学改革的政策和实施计划，然后把自己的主观思想和学校教学的发展计划传达给每位中层干部，由他们去实施。

中层干部的职责是在实施计划的过程中，发现并培养出学校的骨干教师。

这些骨干教师应该是善于接受新鲜事物并且有强烈事业心的教师群体，骨干教师要在工作中显示出一定的成绩，由此教学改革才有说服力。

骨干教师群体形成之后，要抓住学校中的年轻教师，因为只有让更多的教师投入改革中来，才表明改革的成功是有希望的。

当占学校中大多数的骨干教师和年轻教师都在改革中展露头角的时候，学校中剩下的小部分教师群体就会受到感染，感到不改革就落伍了，他们成为改革的最后一批积极分子。这是一个创设氛围的艰难过程，要有足够的空间和时间让教师消化、吸收并认可，而决不能只有校长唱独角戏，只有成片的树木成林，才能显示出生命力。

在这里，我要提到课堂教法的改革，由于传统教法的根深蒂固，大家总觉得它是一种模式，学生就应该这样学习。

当学校领导从全国及北京市引进了新的教法以后，教师们又沸腾了，有的说："这种教学方式学习任务能完成吗？"有的说："学生研讨完，教师若不讲一遍，哪有什么正确答案呀！"针对这些问题，我校决定只有创设一种改革的氛围，才能让大家一齐动起来。于是，我们抓住了骨干教师语文、数学、科任各一人，让他们理解、认同改革课堂教法的新思路，由模仿到创新，为教师做公开课和示范课、研究课，几年的过程中改革氛围逐渐扩大，形成了今天大家一齐行动，加入课堂教法改革的队伍中的局面。2001 年 10 月 30 日，小教研基地的成立，又为我们注入了一针兴奋剂，使我们扬起了自信的风帆。

由于自己参与学校教学管理的时间只有 7 年，所以以上只是一些粗浅的认识，我校也是在摸索中形成了一些教学改革的思路，希望与同行们共勉。

此文发表于《大兴教育研究校长论坛（增刊）》2002 年

论教师专业发展中的和谐环境创设

　　和谐教育追求的教育理想境界，是学校的教育教学活动产生的综合性教育影响力量，它与学生身心发展水平和发展需要在和谐基础之上产生"谐振效应"，促使学生个体的发展达到自身最佳程度或最佳状态，从而最大限度地发挥教育教学活动的效率和效益。学生的和谐发展需要教师资源的培养，所以教师的专业发展也需要和谐的环境与土壤。和谐环境创设是和谐教育体系中的重要分支。给每个教师搭建适合自己发展的平台，分层管理，以人为本，创设人文性的校园文化氛围；用教师个人的专业化发展促进学校的发展，教师与学生共同发展是我校在教师专业发展和谐环境创设中的主体思路。

一、加强学习，为教师专业水平提高奠定理论基础

　　教师所面临的挑战，不但具有高度的不可预测性与复杂性，而且越来越找不到一套放之四海而皆准的应变办法。因此，教师必须树立终身学习的意识，保持开放的心态，把学校视为自己学习的场所，不断进行专业知识的学习，并对自己的知识与经验进行重组。这是教师工作、生存和发展的需要，同时也是学校生存和发展的需要。

　　首先，我校充分利用专家的引领作用，为教师答疑解惑。学校先后邀请杨文荣、程鸿勋、王宝祥、关鸿宇、冉乃彦、倪小云等教育专家到校讲座，分别就教学与课程改革、教师专业道德水平、教师与家长对学生教育的一致性、现代教师的素质要求等与教师进行交流，指导学校的教学工作。

　　其次，利用大兴区干训、教科研、小教研力量对教师进行专业培训。先

后请原进修学校史文敏校长、孙国强副校长、佟德副校长、刘芳副校长亲临学校指导工作。科研室陈慧英、魏希芬主任带领科研人员多次来校与教师座谈，交流指导科研工作和学校发展项目的研究工作。邀请进修学校小学语文组、数学组、科任组教研员对教师进行普遍性的听课指导。还多次邀请孙二女、胡奎生等老教研员来我校跟踪听课，对年轻教师进行业务指导。并且多次安排教师外出学习，例如，选派多名教师参加全国语文课赛一等奖观摩活动；送校级骨干教师参加北京市小学语文、数学骨干教师培训班学习；送 4 名教师参加大兴科研骨干教师培训班学习。我校组织的培训学习突出了平等和参与，没有传统意义上的"教师"和"学员"，教师不再把自己当作被动的受训者，而是积极主动的参与者。讲座学习也发生了实质性的变化，不再单纯讲理论，而是分析案例，让教师在案例中潜移默化地接受理论。这种全新的培训方式，构建了一种新的学校文化，为教育管理者与教师搭建了平等对话、交流的平台，使教师的教学水平得到了提高，教育观念发生了根本性的变化。

二、加强教育科研工作，为教师专业发展搭建平台

每位教师都有相当广阔的发展空间，教师不能只满足于做教书匠，而应该具有各具特色的教育思想、教育风格、教育能力，对教育活动应该有自己的见解和追求；优秀的教师应该有教育科研的意识和能力，能够把教育过程变成实现和提升个人生命价值的过程，应该向教育家的高度不断攀升。

学校制订了详细的科研计划。我认为，校长必须亲自挂帅，科研主任、骨干教师全员参与，做到层次清晰、分工明确。教师根据自己的特长和所教学科承担相应的课题，另外要求教师把教研与科研结合起来，培养教师在工作中注重积累、获取宝贵的第一手资料的能力，并以科研的观点和方法进行教学工作，做到科研为教学服务。

目前，学校承担了国家级、市级和区级、校级课题 8 个，这些课题由科研室主任负责，下设几个课题组长，组长带领组员共同研究，搜集资料、整理数据、撰写论文，定时召开研讨会，交流研究成果，学校尽可能地解决经费不足的问题。例如，我校每学期会筹资 4 000 多元用于购买专业书籍，让教师充电，使教师不仅丰富了头脑，而且增长了知识。

学校把校级教学研究着眼点放在了备课改革上。语文、数学学科采用年

级组集体备课的方式，教研组通过备课前的集体研讨，共同确定教学目标、内容、方法，研讨中既有教师的"共同认识"，又有显现个人智慧的"个性火花"，达到互相学习，集思广益的目标，有效地节省了宝贵的时间。在每周五的教研活动中，教师各抒己见，互相切磋，协同攻关，从根本上克服了教师各自为战的现象，提高了解决实际教学问题的能力，体现了民主管理的优势，调动起了教师的工作积极性。

三、建立科学评价机制，为教师专业发展提供有力保证

教育评价，是指根据正确的教育价值观，运用科学方法和正确途径，对教育客体进行价值判断的过程。在评价过程中，要尊重教师的评价主体地位，充分发挥教师的主体性，重视教师的自我评价，使评价过程成为教师自我分析、自我认识的教育过程。所以，我校的奖励评价制度特别注重教师自身价值的体现，激发教师的自尊心，淡化教师之间报酬的差距。在科研课题承担者的评价指标中，承担国家级、市级、区级、校级课题的教师都有不同的目标和责任，只要达到了，在同事中得到了认可，就被视为合格者；在综合评价的环节中，我校加入教师的评价，让教师与干部一起评，使得评价结果更令人信服，达到了开展这项活动的目的。终结性百分评价中，我校加强了教师的自评、互评、家长评价、领导评价，评价结果教师可以自己查看、分析、询问，达到明确优缺点的目的，促进教师的进步和发展。在一些日常评价中，还包括领导的口头评价，我校干部非常注重对教师的谈话艺术，使得教师既有上进心，也有承担问题的责任感。科学的评价观指引我们对教师进行客观的评价，引发教师主观的努力。

四、落实实践管理和业务活动，促教师专业发展

从长远看，加强教师专业发展的有效途径是将教师集体建设成为学习型组织，使教师集体成为教学、学习与科研紧密结合的组织和积极主动参与学校管理的组织。只有这样，教师自身的发展才能得到保证，也才能在创造与积累教育改革经验的过程中，实现观念的转变、知识的拓展、能力的提高与道德修养的加强。从实际出发，我校组织了一些行之有效的活动并且尝试了几种不同的管理方式，效果比较明显。

（一）骨干教师压重担

我校有完整的骨干教师培养规划，我们制定了黄村镇第二中心小学学科带头人、骨干教师评选办法，每位 40 岁以下的年轻教师通过撰写教案、说课、上课、反思日记等综合考评，评选出校级学科带头人和骨干教师 16 名，形成了我校一支阶梯形骨干教师队伍，学校对他们提出了不同的要求，制定相应的教学任务，使他们感觉到自身的压力，同时也为他们创设发展的氛围和空间。

（二）新任教师要过关

我校每学年引进的新任教师，先要接受学校的培训，接受学校的各种规章制度。最重要的是要过讲课关。首先，对教师提出要求，按照"课堂六规范"上课，即板书规范、语言规范、课堂时间规范、课前准备规范、教学过程规范、作业规范。其次，通过各种课型指导提高。如：跟踪课程，即开学初教导处领导深入课堂，从备课方法到讲课过程全方位跟踪指导，使新任教师迅速提高教学水平；观看录像课，为新任教师的课进行录像，然后与同组教师共同观看，边看边帮助新任教师找差距，这样做更直观，更容易发现自己讲课中存在的问题，进行自我反思。利用开放课向社会展示，向教师施压，促其成长。

（三）业务活动显身手

每位教师都应该认识到，教师作为一名教学专业人员需要经历一个由不成熟到相对成熟的专业人员发展历程。几年来，我校以"五个一"活动作为业务竞赛，也是我校一项常规的教学活动，使其成为教师施展才华的舞台、校本教研的阵地。形成促教师专业发展的工作思路，建立了"学习—研究—评价—实践"的管理模式。

五、学科组管理为教师专业发展提供合作阵地

合作研究是时代对教师的要求，合作才能产生更多的智慧火花，合作更是学校和谐的重要标志。通过评选个性化年级组、学科组活动促进教师合作发展。我校把工作重心前移，赋予组长更多的权利，因为他们都是学校教学的骨干，如组织百字比赛、拼音过关、口算比赛、小型抽测、家长会、研究课、作业展览等，通过年级学科组教师之间的协商，达成共识。他们既是决

策者又是执行者，能够起到很好的促进作用，组员教师出主意、想办法，各种活动开展得井井有条，富有实效性。

和谐是一种状态，是教师和学生都能呼吸到的新鲜空气，和谐就是以学校、教师、学生为本的科学发展过程，是一种协调的工作状态。通过以上五项措施，我们要达到合理配置学校人力资源的目的，人尽其才，充分调动教师的积极性。在此基础上，形成教师乐教、学生乐学的融洽氛围，最后形成和谐的校风、学风、教风，使校园成为师生成长的乐园、精神的家园、奋斗的事业园、内心情感的归属园。让教师在事业中享受到付出的乐趣，在生活中拥有充实的人生。我们的愿望是将努力与目标达成一致——学生身心发展水平与发展需要在和谐基础之上产生"谐振效应"，促使学生个体的发展达到其自身最佳程度或最佳状态。

摘自《大兴区校长论坛文集"优化学校管理构建和谐校园"》2003 年

"以小见大"的
小学品德教学探索

道德教育是小学阶段的主要任务，小学品德课承担了培养小学生优良道德品质的任务，但单纯的说教对于小学生来说效果并不理想。在学校、家庭与社会中，有很多生动的案例，事情虽小，但包含了大道理，具有很好的教育意义。在小学品德课程的教学中，以生活作为切入点，引入生动的案例，让学生亲身体会生活，则能起到良好的教育效果。

一、学校生活的"小事情"体现人与人的交往道德

小学品德课的理解、掌握和感悟要依靠生活的案例。对于年龄较小、理解能力较差的小学生来说，抽象的道理、烦琐的道德规则等给其理解带来诸多麻烦，课堂教学如果仅限于道德说教，会因晦涩难懂让学生失去兴趣，进而影响教学效果。来源于生活的案例，可以帮助学生理解。

在同学交往中感悟礼貌，正确处理人与人之间的关系。学习《学会和谐相处》时，教师可以将同学之间的关系引入课堂。比如，借助情景剧，让学生扮演教师、学生、家长等角色。作为学生，当你向教师问好，教师不予理睬，或者态度不友好时，你的感受是什么？作为教师，当你的学生不尊重你，甚至躲着你走，你的感受是什么？作为家长，孩子不听从你的建议，惹你生气时，你的感受是什么？通过引入这样的案例，使学生深刻地感受到，当有人对自己不礼貌、不友好时，自己会感到很伤心，从而懂得做事要学会换位思考，自己要礼貌地对待别人，才能换来别人对自己的尊重。

向班级中的榜样学习，培养爱学习的好美德。在小学三年级教材中有

"我们爱学习"的内容，任课教师鼓励班级中的学习标兵现身说法，与同学们分享学习的喜悦，帮助同学学会快乐学习，同时鼓励在学习上进步较大的学生战胜学习中的困难，分享克服困难的成就感。有的教师在课堂上播放班主任和家长的寄语，让学生知道不仅教师看到自己在学习上的进步，家长也看到了。听后，教师随机采访几位学生：听了爸爸、妈妈的话，此时此刻，你的心里有什么感受？学生们体会到每个人每天都在进步，这些进步既包含着自己的努力，也有爸爸、妈妈和老师的功劳。

二、家庭生活的小事情帮助学生认识家庭美德

培养学生爱劳动的好品德。在"爱劳动"的教学过程中，指导学生观察妈妈生病了，没有人打扫卫生的状况，一边观察一边记录没有妈妈搞卫生时家里的麻烦，引导学生体会劳动的重要性。针对这节课的内容布置家庭作业：妈妈出差的日子里，我家卫生我来做，理解妈妈劳动的辛苦，为减少妈妈的重复劳动，要尊重劳动成果，讲卫生，不乱扔垃圾。

培养学生孝顺父母的好品德。在讲述"敬爱父母长辈"的内容时，通过舞台剧或者情景剧等教学方法，使学生知道家庭成员之间应建立相亲相爱、民主平等的关系，让学生懂得要孝敬父母、尊敬长辈，友爱兄弟姐妹，教导学生对父母长辈有礼貌。比如，父母和自己说话时要认真地听，离开家或回到家时要主动热情地向父母打招呼；要关心、体贴和照顾父母，父母生病时要细心照顾，关心体贴。

三、公共生活的"小事情"帮助学生认识社会公德

培养互助合作的公德意识。通过多媒体给学生播放一个生活事件"众人抬车救伤者"。马路上，一辆汽车撞倒了一位老人，且把老人压在车底下了，过路行人自发地加入救援行动中，徒手把汽车抬了起来，救出了伤者，以此引导学生感受集体的正能量。与此对比，播放视频"行人乱过马路，导致交通拥堵"，视频中一个行人不遵守信号灯过马路，其他行人纷纷效仿，破坏了交通规则，耽误了大家的时间。这个案例说明集体作用的强大，但两个案例中集体力量产生的效果是相反的。通过两个案例的对比，让学生感受到社会公德的重要性。

培养学生讲卫生的好习惯。有的小学生爱吃口香糖，但吐口香糖时很随意。教师让学生尝试清理地板上的口香糖，体会清理的难度，反思马路上清洁工或者校园里的保洁阿姨每天清理口香糖的辛苦，警示他们要爱护公共卫生，不随地吐口香糖，不乱扔垃圾。

在生活中感悟自然的美，热爱自然，关爱生命。小学品德课中有"发现春天""认识自然"等内容，在课堂教学中，教师以展示图片或者播放视频资料的形式让学生认识自然，欣赏大自然的美丽风景，理解自然和人类共存的关系，但感受最深刻的方式是把小学生带出教室，把课堂教学搬到大自然中。

摘自《教书育人》2004 年

走进美妙的课堂教学

为进一步全面提升学校的办学水平，实现再发展，学校经过全局规划，在反复论证后，以前瞻的眼光，求异的思维确定新的更高的发展目标，继续坚持走教育内涵发展、特色发展、持续发展之路，将学校未来规划定位于追求"美的教育"，为学生的终身发展奠基，以"美"打造学校品牌，创造出大兴十小的辉煌。学校将在"美的课堂、美的环境、美的活动、美的习惯、美的体魄"等几个方面进行"美的教育"，用"美"打造个性化的特色学校。课堂是教师的阵地，课堂教学质量是学校的生存之本，进行课堂教学研究与改革是美的课堂的宗旨。几年中，我校在课堂教学中进行了一些探索，取得了部分成效。

一、理念引领先行

课堂教学是科学性和艺术性的统一。教学的艺术美附丽于教学科学中，只有重视课堂结构的研究，优化课堂的教学结构，才能达到大面积提高教学质量的目的。所以我们研究充满艺术的美的课堂，倡导"美的课堂"，美的教学是让课堂内处处充满创造力，充满发现美、感受美、认识美、理解美、展示美、想象美、创造美所带来的和谐发展的教育。"美的教学"的含义就是充分挖掘教育教学中的美，并将美渗透到课堂教学的各个环节，以美的语言教导人，以美的组织环节吸引人，以美的活动陶冶人，以美的问题启发人，以美的画面情境激发人，全面提高学生道德、文化、艺术修养，从而使身心得到和谐发展。以爱为前提，课堂上师生平等和谐，教师仪表言行受到学生的喜爱，传授知识提高技能的过程自然达成，培养情感、态度、价值观目标在潜移默化中形成。学生在愉悦的心境中充分感受到课堂的美，感到学习是快乐的。

二、规范课堂行为

2004 年，学校制定了课堂六规范，内含 25 个评价要素，规范教师课堂教学行为（见表 1）。

表 1　文化产业相关法律、法规、规划和意见

评价项目	评价要点	实际得分
课前准备规范（10 分）	1. 备课有完整的教学设计（4 分） 2. 教具准备充分到位（2 分） 3. 学生课前准备好学习用具（2 分） 4. 有现代教育手段辅助教学的准备（2 分）	
课堂语言规范（10 分）	1. 课堂语言符合学科专业术语要求（4 分） 2. 课堂用语用普通话，发音准确无误（3 分） 3. 不出现与学科不符的方言土语；语言简洁，生动形象（3 分）	
教学过程规范（50 分）	1. 教学目标明确，重难点突出（5 分） 2. 面向全体，体现差异，因材施教（5 分） 3. 体现知识形成过程，结论由学生自悟与发现（5 分） 4. 教法灵活多样，符合教材、学生实际（5 分） 5. 从实际出发，运用现代化电教手段，创设情境及时、恰当，合理使用教学手段（5 分） 6. 教学民主，师生平等，课堂气氛融洽和谐，培养创新能力，能恰当运用鼓励语言（5 分） 7. 注重学生动机、兴趣、习惯、信心等非智力因素的培养（5 分） 8. 教学目标达成，教学效果好（5 分） 9. 教态亲切、自然、端庄、大方，注重内涵，博学多才（5 分） 10. 教会学生信息搜集与处理方法，注重学科渗透和学科整合（5 分）	
板书规范（10 分）	1. 除特殊学科外，其他学科必须有板书（2 分） 2. 板书书写工整、美观（4 分） 3. 设计合理，层次清楚（4 分）	
时间规范（10 分）	1. 课堂教学时间分配科学、合理（6 分） 2. 不欠时，不拖堂（4 分）	

续表

评价项目	评价要点	实际得分
课堂练习作业规范（10分）	1. 练习量恰当，有层次，有针对性，练习难易适度（6分） 2. 作业量适中，不加重学生负担（2分） 3. 照顾全体，不留机械、重复的作业（2分）	
总分		

2009年6月，学校充分征求教师的意见，讨论形成美的课堂标准。

（一）教师形象、语言，感染学生

1. 教师穿着打扮美观得体，可化淡妆。

2. 教师的教态大方自然，符合课堂需要。

3. 教师的语言简单易懂，语句优美，感染愉悦学生。

（二）结构安排有序，衔接自然

1. 教学过程完整，设计目标具体、明确，重点突出。

2. 教学层次清楚，教法、学法体现教师的基本能力。

3. 教学环节过渡语自然连贯。

（三）学生积极参与，思维活跃

1. 激发学习兴趣，学生参与度高。

2. 善于调动，学生精力集中，积极投入学习活动。

3. 教师设计提问有思考价值，能启发学生积极思考回答问题。

（四）突出学科特点，讲究实效

1. 抓住学科特点，挖掘美的因素，渗透美的教育。

2. 进行学科整合，适时使用电教手段提高教学效果。

（五）关注学生成长，着眼未来

1. 依托课堂，培养学生的良好习惯。

2. 依托教材，培养学生的良好品德，以及非智力因素的培养，即世界观、人生观、价值观培养，塑造完美人格、毅力等。

3. 打好基础，培养学生能力，指导学习方法，懂得怎样做事。

两种对课堂教学标准的评价形成与修改过程，体现了我校教师对课堂教学的认识过程，即更加贴近学生。

三、资源开发为本

(一)人性管理形成合力

人性管理的核心是尊重、信任、理解、宽容、赞赏、激励、参与、引导和沟通。我们用柔性政策创造具有亲和力的学校人文生态环境,不但关注教师的物质需求,更关心教师的精神需求。

(二)校本培训促进步

对教师的培养,学校需要做到:一是抓政治思想,培养爱岗敬业精神;二是抓课改学习,夯实自身功底;三是抓基本功达标,提高综合素质,并由理论向实践转化;四是抓班级管理,提高组织教学能力;五是抓教学水平,提供广阔的展示舞台。

(三)"走出去"长见识

学校派各年级、各学科的教师参加市区级教师业务研讨会,派出学习的教师,大部分是我校普通任课教师。学校注重让每位教师都有学习的机会,在学习中开阔视野,活跃思维,提高自己的教育教学理论水平和教学能力,教师们因此受益良多。

(四)名师引领促发展

针对教师专业发展的需求,学校聘请北京市学科骨干教研员作为我校骨干教师的导师,并举行拜师仪式。学校还多次请大兴区名师讲学团的教师到我校作引领研究课。通过与专家、名师面对面地接触、研讨交流,促进了青年教师的快速成长和全体教师的专业能力发展。

四、质量监控保障

重视教师的业务竞赛与学生能力抽测相结合,促进师生的共同发展。

(一)加强学习,提升教师业务和理论水平

加强新课标及教育先进理念的学习,不断提升教师的业务及理论水平。我校要求每位教师必须认真学习所教学科的"新课程标准",深入理解课标的要求,以真正把课标的内容落实到自己的教学实践中。除此之外,学校还将

集体学习与个人学习相结合，要求每位教师坚持读书，上网学习，每周写 500 字以上的学习心得。学习使教师的专业理论水平有了不同程度的提高，同时促进了课堂教学水平的提高。

（二）开展教学能力竞赛

开展丰富的教学业务能力竞赛，为教师搭建展示自我的舞台。学校以课堂教学六规范的落实情况作为评价课堂教学的标准，每学期开展"优秀课堂教学设计"评比活动；骨干教师献优课活动；定期开展"兴趣杯"课赛活动。教师们积极参加，取得了很好的效果。丰富多彩的教学比武活动，已成为我校的一项常规工作，同时也成为我校教师展示才华的舞台，校本教研的好阵地，教师专业成长的沃土。

（三）加强对学生能力的检查

每学期，分别对不同年级进行不同方面的能力抽测，一年级看拼音写词语，二年级口算，三年级朗读，四年级计算，五年级现场作文，由教导处统一出题、阅卷。我校还开展了丰富多彩的兴趣小组活动，有计划、有组织、有检查评比，使学生的个性、特长及能力均得以提高。

五、组本教研增实效

组本教研是以本校为阵地，以校本教研为基础，人少易操作，针对性更强的教研方式。提高教学质量离不开教学研究活动，随着教师教学水平的提高，单纯的集体培训与开会形式已远不能满足教学的需要，我校的具体做法有三点。

（1）确定校本教研的方向与工作评价制度。

（2）组本教研计划的宣讲与干部深入一线共同研究相结合。

（3）组本教研与课堂教学活动结合制，包括评优课、家长开放日、师徒研究课、学生能力抽测、集体备课等，均由组本教研组长进行活动安排，共同研究，形成集体合作的模式。

六、科研带动提高

进一步健全"学校—科研室—课题组—教师"四级科研工作管理阶梯状

结构，科研室在学校全局工作的统筹安排下，统管学校的各项课题研究。

（一）领导重视是搞好学校教育科研工作的有力保证

学校始终将科研摆在发展的先导位置，作为整体工作的重要组成部分纳入学校的发展规划和每学年工作计划。校领导不仅重视，而且带头承担课题研究任务，力争使自己成为领导科研工作的内行。领导参与，有力地提高了广大教师进行科研的积极性，学校科研氛围日益浓厚，逐渐吸收了越来越多的人进入富有思想与创新精神的研究群体，学校现今参与课题研究的教师已超过总人数的70%。他们正在逐渐实现由"教书匠"向"研究型教师"的转变。在学校经费十分紧张的情况下，对于开展教科研工作所需的财力、物力，学校领导总是毫不犹豫地给予有力的支持，如教科研活动中的外出学习、请人辅导、课题研究经费、购买图书、订购刊物、编辑资料等都有经费保障。学校设身处地为实验教师考虑，除了给他们创设宽松愉悦的科研环境外，还在学期末对实验教师进行恰当的鼓励与奖励，让实验教师感受到领导对实验工作的支持。

（二）抓好过程管理是搞好学校教科研的中心工作

管理出效益，管理出质量。教育科研工作必须有一套科学的管理制度，建立一个强有力的管理组织机构，使各项工作运转自如。

学校已形成较为完整的《大兴十小教育科学研究工作管理规范》，内含《教研室工作职责》和《教育科学研究课题管理条例》，其中包括课题申报、论证、立项、实施、结题、考核、评奖等细则。这些管理制度确保了我校科研工作有学年、学期工作计划，有每月大事记，有检查、总结和考核，有课题申报、指导、结题和奖励，资料齐全，存档有序，从而使我校教育科研工作有序运转。

（三）选准课题是搞好学校教育科研工作的关键所在

我校十分重视选题工作，选题时，注意面向教育教学实际，把重点放在学生、教师、学校的发展上，如校长承担的区级课题"小学作文教学中通过发挥学生主体作用提高教学实效性研究"，是根据我校作文教学亟待提高的具体情况确立的。又如我校"美的教育"的研究，把学校"美的教育"的办学思想进行细化，分解成五个子课题，学校各部门都有自己的研究方向，每位教师都可以找到自己的研究点，起到牵一发动全身的功效，形成科研合力。

走进美妙的课堂教学是学生的幸福，是我和教师们不懈的追求，我坚信，只要恪守为师之道，这一天一定会到来。

摘自《校长生命力在课堂》2010 年

城乡接合地学校发展的对策研究

我国城乡接合部泛指城市建成区与非建成区的接壤地带。就北京而言，城乡接合部既包括东城、西城与朝阳、海淀、丰台、石景山的接壤地带，也涵盖远郊区县的卫星城与其周边乡镇的接壤地带。我校地处黄村卫星城的西北方向，是黄村镇所辖地区，属于城乡接合地。

一、学校现存问题分析

（一）学校硬件短缺，近期补充无望

学校现有学生用计算机 20 台，教师备课室用计算机 4 台，校长室、教导处、总务处、多媒体教室、学生机房有 6 台组装计算机。对信息技术发展迅速的大兴区来说，我校的硬件无疑是落后的。但目前镇政府根据地区的经济发展，计划在芦城地区建一所中学、小学九年一贯制学校，所以对现存学校的硬件不投入，这也就影响了信息技术与学科整合水平的提高。

（二）生源流失严重，借读生比例偏高

我校与黄村卫星城接壤，直属小学的师资、教学设备、教学水平对所辖区的学生和家长具有较强的诱惑力，加之经济的发展，本地区的家长对优质教育资源的需求在逐年提升，因而纷纷把孩子转到直属学校，尤其是好学生，为了上直属中学，转学的概率更高一些，占学生人数的 50％。同时我校所在的地理位置又决定了流动人口的子女比较多，目前这部分学生已占我校学生总数的 50％。由于这部分人口流动性比较大，所以给教学带来许多不便。

(三) 教师流动大，教学水平提高有难度

我校现有教师 39 名，教龄均在 5 年以上。由于学校教师超编，造成几年内没有引进年轻教师，而现有骨干教师又因种种原因在不断流失。仅以近两年为例，学校先后调走 9 名骨干教师，这些人在其他学校有的成为学科带头人，有的成为学科骨干。这种教师流动是不正常的，一般学校应是有进有出，形成活水；而我校是只出不进，水往外流，不往里进，从而造成教师年龄结构相对老化，教学水平提高比较困难。

二、解决问题的对策

1996 年，美国未来学院院长扬·莫里森提出了"第二曲线"理论，即办学成功或陷入困境之后，学校管理者为了寻求新的突破，达到一种新的办学目的而实施的一种面向未来的学校发展策略。

根据学校现存的问题，在第二曲线理论的指导下，我校根据城乡接合地学校发展的实际，研究出相应对策，全面提高学校的管理水平和教育教学水平。

(一) 加强对教师的计算机应用能力培养，提高设备的利用率

1. 加强计算机的应用能力培训

虽然学校的设备有限，但是教师必须会用，否则在设备齐全的时候，我们的教师还不会用，就是真的落后了。为此我们利用假期对教师进行信息技术培训，培训信息技术与学科整合的理念、重点创新的内容和整合技术、技能，通过培训，使教师的各方面素质得到全面提高。

2. 提高信息设备的利用率

按照国家课程管理要求，为学生上好信息技术课，为教师提供必备的教学软件，鼓励教计算机的教师参加各种培训，发现计算机中的问题并及时修理。由于两个学生共用一台计算机，所以出现了上课轮流操作、耽误时间的现象，计算机教师根据教材目标要求进行课堂结构改革，既保证学生能完成操作任务，又合理使用计算机。

学校要求教师每学期在多媒体教室上课不少于五节。因为多媒体教室只有一个，所以号召教师每学期分教研组搞三次示范课，并进行研讨、交流，上升到理论层面（写成论文进行交流）。现在多媒体教室每天都有教师上课，

他们制作课件的水平也在逐步提高。

（二）开展家教研究

1. 提高家长教子水平

教育是学校、社会、家庭三结合的教育，缺一不可。现在，社会和家庭教育都很欠缺，尤其是家庭教育。

为了提高家长的教子水平，我校参加了教育部国家级课题"跟踪指导家庭教育实验研究"，参与年级是一年级和四年级的五个班，家长的重视程度很高。每学期请王宝祥教授做一次讲座，班主任进行三次家教课堂讲座，对于一些特殊学生进行个体跟踪，帮助家长掌握科学教子的方法。

2. 将学校管理过程、教师活动和学生活动向家长开放

学校每月举行一次家长开放日活动，家长可以听课，可以参与学生活动，可以为学校提意见，可以观看学校教学活动专题片，可以与班主任交流孩子的情况，形式多样，让家长全方位地了解学校，从而增强对学校的信任。

实践表明，家长是孩子转学的指挥棒，如果家长对学校有信心，学生生源的流失就会减少。

（三）促进教师的可持续发展

1. 实行人性化管理方式

人的内因对人的言行起决定性作用，要想调动教师的工作积极性，就要用外因促进内因，达到提高工作效率的目的。我校的人性化管理方式包括：①设立免费早餐。②为教师送生日卡，赠送生日礼物。③为40岁以上教师配花镜。④改善宿舍、办公室环境。⑤建立领导与教师谈心制度，沟通感情。⑥要求干部必须树立服务意识，平易近人。⑦提高教师待遇，提供课时补贴和班主任津贴。⑧每月组织教师文体活动，增强集体凝聚力。另外，新制定的各项制度充分征求教师的意见，突出以人为本，目的是让制度促进人的发展，而不是制约人的发展。

2. 实现教师自身价值

每个人都有物质和精神的需要，教师是一个更看重团队精神和实现自身价值的职业。因此，我校把教师在教学研究中获得的自身价值体现放在首要位置。在区教委科研室和小教研的支持帮助下，我校成为大兴区小学校本教研五所试点校之一，在调研的基础上确定了"以校本教研为依托，提高教师教学质量，促进学校发展"的研究课题。

（1）进行备课改革研究。采用年级组备课，通过集体备课，互相学习，取长补短，集中集体的智慧。集体备课要确定研究目标、内容、方法，教案分知识要点、教师活动、学生活动、探讨与补充、反思与随想，有的教师把课外的知识大量补充进去，有的提出了与别人不同的看法。

（2）确定骨干进行跟踪指导。我校 6 名骨干教师为区科研室指导对象，每位骨干教师再指导 1~2 名骨干教师，形成培训网络。跟踪的具体方式为：

第一，专家引领（区教科所人员、我校聘请的原进校教研员、学校领导及骨干教师）。

①以课例为载体的"三阶段、两反思"培训。

反思 1：寻找自身与他人的差距；反思 2：寻找设计与现实的差距。

②反复观看特级教师录像课，通过对其中的重点环节进行分析，使教师了解、掌握课堂中新理念的实施技巧。

③新理念、中心问题相关资料的学习与研讨。

第二，同伴互助（学校负责培训的领导参加）。

①互相听、评课（突出重点专题）。

②录像后自评。将自己的课录下来，先自己评，再让大家评。主讲人课后备课，并写下自己的收获和体会。

③对中心问题进行头脑风暴式研讨，揭示问题的真相。

（3）制订科学的奖励方案。我校每学期进行单项技能评比，评比等次多、人数多，尽量把每位教师的优势都列入评价中，使每位教师每学期至少在一项教学工作中获奖，使教师有成功的感觉。

学校发展中遇到的困难和问题很多，这里只列出主要问题，通过实践，有些工作成效还是比较明显的。在本学期家长开放日中，大多数家长对学校工作给予了充分肯定，这半年中没有要求转学的学生；校本教研工作也取得了阶段性成果，出版了我校校本教研文集并创刊《芦园采风》，录制了校本教研学校实施专题片；到目前为止教师无一人提出调动。现在校内有国家级子课题两个，区级课题 1 个（半年中取得的成果）。地处城乡接合地，学校有自身特点的，要针对问题找出相应的对策，带领干部、教师解决问题。

我给自己提出的要求是：学校陷入困境时，校长要冷静地进行思考，不急功近利，有强烈的事业心，注重培养、发挥师生员工的积极性。虽然离这个目标还有差距，但我会不懈地努力。

摘自《制约学校发展的问题与对策研究》2009 年

实施"美的教育"的途径研究

20世纪90年代中期,叶澜教授提出:中国学校教育的转型性变革,关键在于学校文化的创新。经过十几年小学教学的经验,教师怎样教育学生适应未来社会的需要,怎样教育出优秀的全面发展的人才,是所有小学教育工作者都在思考的一个问题。2003年7月,我走进了黄村镇第二中心小学,经过两年的探索和实践,我校以"美的教育"作为教师和学生发展的途径,打造文化创新的阵地。现行的一般意义上的学校美育是把外在的美的因素作为教育内容传递给学生,是以艺术教育为基本载体的。这里提出的"美的教育"是指按照美的规律整合教育资源,在实践层面上,按照教育规律和美的规律创造教育自身的美,使教育活动从校长、教师到教学、管理、学校环境等都是美的,走进教育的过程也同时也走进了美,学生在美感愉悦与精神自由中学习与成长,教育成为真正意义上的美育主体,成为一种表现美学智慧与价值观念的活动。

一、站在高处思考定位学校文化的发展方向

在探索和实践学校文化创新的过程中,我们深刻地分析了学校、教师、学生的现状,也深刻地了解了他们的需要。鉴于学校、教师都是为学生服务的,首先应该了解学生的发展与未来的关系。在20世纪初,北大校长蔡元培就提出了美之教育乃是人生最好的教育的观点。因此,我校确立了"美的教育"理论,并且开始了大胆的探索和实践。

小学生的教育是做人做事的基础教育,是养成习惯的教育,从小学开始给学生一种美的教育,对学生终身都会产生重要的影响。这种美包括在学校

受到的一切教育，文化美、品德美、行为美、艺术美、环境美、传承美。

文化美：指学生在学校学知识的过程和结果，受到中华文化的熏陶，感到知识的重要，学到知识的精髓，掌握知识牢固，形成对知识的浓厚兴趣。

品德美：指学生通过学校和家庭的教育和熏陶，做到做人诚实，讲文明懂礼貌，孝敬父母，尊敬老师，有集体荣誉感，为成为一个好公民打下基础。

行为美：指学生优美的言谈举止，优雅的文明行为。

艺术美：指学生能够感受艺术美，懂得欣赏，受到艺术美的熏陶。

环境美：指学校具有美的自然环境和学习环境。

传承美：一是通过课程学习和文化熏陶继承中华民族五千多年的文化，夯实学校的文化底蕴，继承劳动人民的美德，发扬学校原有的优良传统；二是学生把学到的知识和好的文明行为向社会传递，起到继承和发扬的作用。

二、创造条件寻找"美的教育"突破口

（一）教学课程传承美

教学课程分为国家课程和校本课程。在课堂教学改革的实施过程中，学校始终坚持发挥师生的创造力，教学目标是建立一种以师生互动为特征的高年级能自主研究和适当进行合作式学习为核心的教学新体系。学校进行了备课改革，激发全体教师的自主研究欲望，充分利用信息技术拓宽学生的学习空间，使教师与学生在教学过程的互动中体验教育本身的美感。让师生共同追求创造性学习生活的价值取向，从根本上深入教育的美学内核。此外，在教学过程中，特别强调师生之间爱的感情的交融，本学期我校结合霍懋征课题的研究提出了没有爱就没有教育的教育教学思想。作为美感本质规定的生命自由境界，是一种爱的境界。个体生命以此向世界开放，对于审美体验具有十分重要的意义。

儿童在真正充满爱的自由境界中，体验到存在的全部魅力和终极意义，是一种可以意会却难以言传的审美乐事。中华民族的文化源远流长，上下五千年，有数不尽的文化瑰宝值得我们继承与发扬。但是，随着现代化节奏的加快，我们的学生能够继承的传统文化已经很少，为此，我校二至五年级分别设置了书法、诗词歌赋、珠算、剪纸、空竹五种传统文化课程，并且精心挑选教师进行授课。空竹课程的授课内容不仅使三年级的学生十分感兴趣，其他年级的学生也积极参加，形成了学校 100 多人的空竹兴趣小组。诗词歌赋的内容设置从《诗经》开始，到近代诗歌，讲课中配以古筝、古琴的录音伴奏，别有一番情趣与韵味在其中，从中仿佛看到了在月下弹琴论诗的风流雅士，让学生们流连忘返。书法、珠算、剪纸课程不仅是教授技法，更重要的是传授中华民族五千多年的文明，传授中华民族的精神，让学生继承与发扬我国古代劳动人民的智慧和对生活的热爱。

（二）校园环境体现美

一切生物的生存和发展都离不开环境，环境指外在的自然环境和内在的文化环境。

1. 自然环境是人类生存的基本条件

优美和谐的校园自然环境是学校环境建设的基础，合理的布局，各具特色的建筑，是校园文化的物质载体和重要支撑，是育人的物质基础。校园自然环境建设中，注重体现丰富的思想文化内涵是十分必要的。注重情景育人的主体性，突出多角度、多层次、全方位育人的功能，创设校园文化环境。我校优美的校园环境是"美的教育"的外显内容。

黄村镇第二中心小学是典型的平房布局，结构规整，绿化条件好。在体现学校"美的教育"的文化创新过程中，学校进行了精心设计。校园大门外，是富有儿童特色的版画和具有大家风范的墙壁文字：上下五千年，观泱泱华夏，科教兴国又崛起。纵横八万里，览芸芸诸邦，求知创新始超群。进入校门，迎面最显眼的是"美的教育"目标：创设美的环境，展示美的言行，培养美的习惯，体现美的风范。在每排教室的正面墙壁上，都画有与本年级组学生年龄相符的教育版画，如一年级是"攀登英语"画面；二年级是养成教育画面；三年级是空竹课程画面；四至六年级是名人警句画面。我们称之为校园"美的教育"文化墙。在每排教室的侧面墙壁上，是体现学生特色的瓷砖版画和校园板报。进入每班的教室，各具风采，特色鲜明，有学校校训、各班班训、学生特色展示等。

校园内有八个小花坛，一个大花坛，有上百棵翠绿的槐树，拥抱着校园和学生。站在甬路上，环视校园内，绿树成荫，鲜花吐艳；放眼校园外，垂柳成行，欢声笑语。置身于这样的环境中，是学生的一大快事、乐事。

2. 内在文化环境是人的优雅气质和校内和谐的人际关系

培养学生的多种智能是学校努力的目标。在培养学生智能的同时，也要培养学生优雅的风范和文明的举止。为此，我校的校训是"文明、善学、优雅、创新"。校训验证了我校文化创新过程中的主要内容。

在两年的探索中，我校的德育工作围绕体现文明、优雅的风范做了一些具体的工作。

制定学生文明公约、教师自律制度、教师师德奖罚制度等。因为师为生之范，所以要约束学生的行为，必须先规范教师的行为。学生的文明公约分为五项，分别是：文明举止我先行，尊长互敬我先行，文明用语我先行，诚实守信我先行，文明习惯我先行。每月评比其中的一项，以班为单位，表彰集体和个人。教师的自律制度和教师誓词是为了塑造我校的教师形象，在学校完善的规章制度约束下，更要体现我校教师的特色和集体形象，加强教师和学生的审美观念。

和谐的人际关系首先是宽松的教育环境。创新文化，首先要让教师有创新的环境，宽松、融洽是创新的土壤，在我校创新"美的教育"的文化过程中，教师是实践者，要努力创设宽松的环境，让他们有创新的火花与收获的喜悦。

通过以上途径，抓住了学校精神、学风和教风建设的关键点，逐步形成以创设美、体现美、传承美为过程和结果的黄村镇第二中心小学的学校文化。

摘自《中国名校文化博览》2004 年

校长领导力与学校发展策略

校长领导力可以定义为"校长在引导学校发展过程中发挥的领导作用"。校长在学校发展中可以发挥多方面的积极作用，但只有基于校长职位所发挥的，并且是他人所无法替代的领导作用，才是校长领导力研究的中心主题。在教育学的视野中，学校发展意味着学生发展更加全面、充分，更加生动活泼。为了提升校长领导力对学校发展的促进作用，我校本着"理性思考，认真做事，提高质量"的工作态度与执着精神，深化学校各项改革措施，为干部和教师搭建发展平台，在学生中体现"以人为本，全面发展"的办学目标，提升了学校的办学效益，各项工作得到长足的发展。

一、一个办学理念的支撑

2007年9月，我校由城镇中心校成功转制为区直属小学，如何进一步实现学校的跨越式发展，成为摆在全体干部和教师面前的一个沉甸甸的课题。为进一步全面提升学校的办学水平，实现再发展，经过全面规划，在反复论证后，学校以前瞻的眼光，求异的思维确定新的更高的发展目标，继续坚持走教育内涵发展、特色发展、持续发展之路，将学校未来规划定位于追求"美的教育"，为学生的终身发展奠基，以"美"打造学校品牌，创造出大兴十小的辉煌。学校在"美的课堂、美的环境、美的活动、美的习惯、美的体魄"方面进行"美的教育"的研究，用"美"打造个性化的特色学校。教育作为人类的自我建构活动，更应该按照美的规律进行。我校认为，以美统领整个教育，使教育成为美的教育，即真正的美育，才是教育发展的旨归。我校提出的"美的教育"与传统意义上的美育有所不同，是在传统美育基础上发展、充实起来的。即对美的追求为宗旨，将"美"贯穿于学校教育教学全过程，全面实施素质教育，通过美的课堂、美的环境、美的活动、美的习惯、美的体魄五个方面，形成全方位、立体的"美的教育"，最终达到学校、教师、学生的和谐、可持续发展。我校研究的"美的教育"是指，教育者根据教育目的充分利用美的资源，按照美的规律培养受教育者具有美的意识和能力的一种审美教育活动。

在思索了学校的现状和发展目标后，进一步明确了学校发展的最终目标是"让爱与智慧伴随一生"，为了达到最终目标，学校在干部和教师队伍建设、德育、提高课堂质量方面进行了发展策略研究。

二、两支队伍发展策略

人才是学校发展的根本。干部和教师可视为学校的人才，因此，如何加强两支队伍的建设，是学校发展的关键。

(一) 干部队伍建设

我校副主任以上干部 9 名。这些干部平均年龄 39 岁，学历均为本科以上；任职均在 2 年以上，趋于成熟。在干部队伍建设与提高上，我校主要采取四种方式进行培养。①选拔任用机制公平、公正、公开（提拔变换干部岗位 6 个）；②用人不疑，大胆放权；③管理方式灵活多样，各司其职；④学习、培训、考核机制完善。在干部学习与例会中，我校制定了研究式例会制度，即每次例会都有一个研究主题，重点解决学校存在的问题与不良现象。在 2005 年的干部工作计划中，有一项具体要求，即每位干部每天学习半小时，记读书笔记 100 字以上。每月干部例会展示一次，期末进行打分评比。

(二) 教师队伍建设

建设一支高素质的教师团队，不仅是实施素质教育的前提，而且是学校可持续发展的重要基础和保证。学校要实现可持续发展，就必须培养一支研究型的教师团队，促使教师成为一名研究者。这是提升教师专业水平的关键。

1. 了解教师现状

我校现有专任教师 66 人，中青年教师 57 人，教龄在 3 年以下的 2 人，除了新教师外，90% 的青年教师教龄都在 5 年以上，具有一定的教学经验和较充沛的精力，也具备一定的发展潜能。他们渴望自己的教学水平得到不断提高。但是，一部分教师已经到达自己的第一个教学"高原区"，进入专业发展的瓶颈，只有通过转变观念、提高认识、深入思考、努力研究才能完成自身的蜕变，才能实现真正的专业发展。针对这种情况，我校采取了一系列的措施。

2. 转变教师观念

转变观念主要指通过全员性的学习讨论逐步形成全体教师共同的价值取向，从而让教师了解实现专业发展的目标和路径。

3. 确定研究方案

首先以分层带整体、以个性推共性。其次，学校建立了卓有成效的培养青年教师的制度。

4. 尊重阶段需求，激活研究动力

根据教师成长需要，为新入职教师、5 年以上教龄教师、10 年以上教龄的教师提供有针对性的个性化培训，参与教学实践研究课题。

5. 搭建研究平台

以教师专业发展为本，根据教师的发展阶段，创造机会搭建平台支持开展不同级别的课题研究。

总之，学校在造就研究型教师方面，已经形成了"低起步、高目标；面向全体，扶植重点"的工作机制。

三、三种德育研究行为

（一）班主任队伍与班级文化建设的研究与实施

我校的三年规划中对德育工作目标的制定是：对口号式德育、墙壁式德育、活动式德育等进行具体研究，德育主体放到班级，以学生的身心特点为依据，德育渗透到各个角落。

班主任文化建设是德育工作的主要内容，班级文化建设离不开班主任的任用与培养。在工作中培养、在管理中成长是我校班主任队伍建设的重要措施。

（二）师生"美的教育"行为方式的研究与实施

"美"是人类永恒的追求，小学生的审美意识刚刚建立，对各种事物的美与丑、真与假、善与恶的认知正在形成过程中，"美"的言行教育与体现是我校的办学目标，在学生与教师中初步进行"美"的言行教育与体现是我校的近期目标，围绕这一目标，本学期我校规范了教师与学生的各项行为。红领巾广播、升旗仪式、校园检查、环境文化建设、各项奖励制度均把此项工作纳入其中，初步达到"培养美的习惯"的目标。

（三）活动育人方式的研究与实施

德育工作中一个主要的体现方式是活动。活动育人应该作为一种研究内容展现在教师面前。在注重效率与质量的社会大环境下，活动育人也应该体现它的活动质量与实效性。

会思考，才能会工作，才能在工作中增强实效性。

四、提高教学质量的四项举措

教学工作是学校的重点内容，提高教学质量是我们的目标。但提高教学质量不是单纯地提高成绩，而是学校教师、学生整体学习状态的综合体现。

（一）课堂教学六规范提高课堂教学管理机制

2004年，我校经过研究，形成方案，出台课堂教学六规范，包括：板书规范、语言规范、课堂时间规范、课前准备规范、教学过程规范、作业规范。自此，各项课堂教学以此作为评价内容和实施办法，课堂教学六规范让教师更加明确了课堂中的各种行为规范。虽然课堂教学六规范不是最科学的，但却能体现新课改的精神，规范教师课堂行为，为课堂教学研究提供了抓手。

（二）年级学科组本教研增强教研实效性

组本教研是以本校为阵地，以校本教研为基础，人少易操作，针对性更强的教研方式。提高教学质量离不开教学研究与活动，随着教师水平的提高，单纯的集体培训与开会形式已远不能满足教学的需要，我校的具体做法是：①确定校本教研的方向与工作评价制度；②组本教研计划的宣讲与干部深入一线共同研究；③组本教研与课堂教学活动结合，包括评优课、家长开放日、师徒研究课、学生能力抽测、集体备课等，以上活动均由组本教研组长进行活动安排，共同研究，形成集体合作的模式。

（三）注重学生能力与知识的结合

教学质量如果只用卷面分数衡量是最容易操作的，但也是违反教育规律的，我校认为，要为学生的一生负责。每学期接受700节课的教学是学生的权利，给予学生高质量的教育是教师的责任。学校每学期针对不同年级学生的动手能力、小组合作、思考能力进行抽测，对学生进行知识与技能的双向考核，重视学生的全面发展。

（四）英语特色逐步体现

攀登英语自 2004 年 9 月进入我校以后，逐步受到师生和家长的认可，现在逐步形成了攀登英语教学班及实验学校的特色。

在现代的学校组织形态中，"校长领导力"已经更多地体现了学校领导集体的领导能力，并在一定程度上体现了教师参与的结果。现代学校管理已经越来越多地依赖于学校的管理团队，因此，提升管理团队的领导力，调动管理团队的主动性、积极性和创造热情，成为保障校长领导力充分实现的重要条件。校长领导力是一种实践能力，只有通过学校管理实践才能转化和提升自己的综合素质；不断总结和反思自己与他人的经验教训，提高自己的认识水平，是提升校长领导力的必要功课。把提升校长领导力落实到培养教师领导力和培养学生领导力的基础之上，是每个校长都必须关注的重要命题，对中国的校长来说，更是一种领导责任、教育责任和社会责任。

摘自《提高校长教育领导力的研究：大兴区校长论坛文集》2005 年

教师要读书

教师、教育、学校都是专业词汇，而教育工作者的荣誉与神圣不是别人说的，而是用我们的言行赢得的。

首先要多思、多想、多学习。每当我读完一本名著，或者一本经典之作，都感觉自己与别人有太大的差距。上天护苍生，自己就是沧海一粟，是大海里的一滴水，要对天、对地、对父母、对家人、对与自己有关系的一切人感恩。曾经有一次，我路过桥边，发现有一个老妇人在乞讨，我给了她5元钱。后来，我发觉自己有一丝希望，希望自己能救助天下所有需要帮助的人。多读书，让自己多一份善，心中就多一份爱。

其次把追求远大理想和精神人格永远放在第一位。小时候，老师问我们：你长大后想干什么？那时我们都有一个理想。我现在经常问自己：你现在的理想是什么？小草也有高贵的品格，狼群也有自己的孤傲，何况我们是人，是自然界最聪明的生灵。物质的满足过后是空虚，精神上的满足才是财富。加强修养，增添内涵，永葆生命力的旺盛、丰富，将使自己更加快乐、幸福。

我曾看过一份资料，有一个观点我很赞同，就是伴随人一生，必须要学习的两大内容是文学和历史，而这两项内容必须通过读书获得。现今世界上令人悲哀的是青少年读书的状态。我校的校训是"让爱与智慧伴随一生"，必须从书中汲取营养，寻找智慧与爱的源泉和方法。

一、强制读书时间

书山有路勤为径，学海无涯苦作舟。这句话，道出了学习与读书的艰苦。在我校教师读书制度中，我们的共同观点是：首先要强制。吴淡如，中国台湾著名的畅销书作家及节目主持人，10 岁开始写作，20 岁出版第一本小说集。已连续 5 年获金石堂最佳畅销书女作家第 1 名，有"畅销书天后"的美誉，曾两度获得金钟奖最佳教育节目主持人及最佳谈话性节目主持人提名。她不停地学习，不停地改变，只想发掘短暂人生的各种可能。她曾经是个非常浪费时间的人，考上台大之后，逃课、谈恋爱，直到修八堂课，有四科不及格，一向给高分的老师给了她史上最低分，这时她才终于体会到"累积时间的力量"。就算没有天赋，只要愿意每天花一点时间，做同样一件事，不知不觉就会走得很远。吴淡如说：管理好自己和时间的关系，不是为了做更多的事，而是为了有足够的时间享受生活，使我们拥有一个既充实又舒畅的人生。教师要做管理时间的主人，如果开始不能很好地安排时间，就要自己强制管理。我为教师设置了读书时间，每天半小时，周一至周五必须做到，周六、周日自愿。制定了读书时间记录表，以办公室为单位，每个办公室一个月一张，月末由室长上交校长室。学校一共有 14 个办公室，分别是校长室、书记室，一年级至六年级办公室，英语、电教、体育、总务办公室和行政一、行政二办公室。14 个办公室各选出一个室长，负责读书工作。另外，每个办公室每周选出一天，进行读书体会交流，时间不限，要有记录。领导干部在每周一的行政例会上进行交流。

二、目标激励跟进

目标激励就是通过目标的设置激发人的动机、引导人的行为，使被管理者的个人目标与组织目标紧密地联系在一起，以激励被管理者的积极性、主动性和创造性。

目标是行动所要得到的预期结果，是满足人的需要的对象。目标与需要一起调节着人的行为，把行为引向一定的方向，目标本身是行为的一种诱因，具有诱发、导向和激励行为的功能。因此，适当地设置目标，能够激发人的动机，调动人的积极性。读书要有目标，要下达任务，这样才能使教师有动力。制度中有一项内容：每个办公室每两周推荐一篇好文章，放在校园网上，供所有教师共同欣赏。每个办公室每学期推荐两本好书，按值周时间，放在学校公告栏内。每位教师每学期写一篇读后感，放在校园网上大家共同交流。这样几个目标，使教师知道自己近期的读书目标。另外，每学年学校举办一次师生读书节，教师要在平时做好准备。

三、养成读书习惯

高尔基说过："我读的书越多，我对世界越加感到亲切，生活对我越加变得明亮和有意义。"从这句话中我们可以看出，读书不仅可以使人开阔视野、增长知识，还可以使人明理，为人导航。对于教师来说，更是如此。养成良好的读书习惯，对我们现在和将来的学习和生活都会带来很大的益处，而且，读书习惯也是德育与教学工作的一个契合点，培养良好的读书习惯，可以使德育与教学两大教育资源相互整合、相得益彰。为此，我校把培养教师良好的读书习惯作为学校教育的重中之重，把培养教师的读书习惯作为一项系统工程，并确定为我校办学特色的有益补充。

向大家介绍一下我校是怎样培养教师读书习惯的。我校为教师创设了这样的环境和条件：学校有一个面积约为 200 平方米的图书借阅室和一个面积约为 120 平方米的图书阅读室，另外，在每个办公室，设立读书氧吧，定期更换图书和杂志。教师过生日，赠送价值 100 元的图书。学校内藏书 5 万余册，每天漫步校园中，看到教师手有书卷，身有书香，是一件美不胜收的事。

四、书中寻找快乐

一本本书，为人生打磨出一个个亮面。腹有诗书气自华。我们必须让自己成为闪亮的发光体。

读书会使一个人读得成功，也会使一个人读得失败；读书会使一个人读得有用，也会使一个人读得无用；读书会使一个人读得明理，也会使一个人读得糊涂；读书会使一个人读得谦虚，也会使一个人读得傲慢。有的人读地理名胜，可以遨游天下；有的人读历史典故，可以和古人隔空对话。有的人爱好文学，春花秋月，情境义理，妙味无穷；有的人喜欢理工，一个细胞，一粒分子，他也可以从中找出另外的一番天地。为人师者，书是我们的第一朋友。我校有几位爱读书的老师，他们每到周末或放假前，都会潜在学校图书室内，徘徊于书架前，摸着每一本书，都觉得爱不释手，最后挑选最喜欢的图书或杂志，满意地离开。如果教师都能如此之快乐，在校内与学生共读，在家中与子女共读，其满足感胜于穿美衣、享美食，那教师的本质就不容置疑了，传道、授业、解惑也就不惑了。范仲淹能先天下之忧而忧，后天下之乐而乐，教师就能先天下之读而读，后天下之享而享了。

　　要做一名教师，要做一名合格教师，要做一名有梦想的教师，就必须要读书。

　　　　　　　摘自《学习型学校建设研究：大兴区校长论坛文集》2006 年

爱与智慧同行　追求美的教育

一个学校的发展必须依赖于好的办学思想和一群有教育理想和事业心的教师。大兴区第十小学的前身是芦城小学。在学校几十年的历史积淀中，形成了独特的历史痕迹和丰富的人文内涵。芦小的老师经过几十年的积累，总结了许多有价值的办学经验和教育智慧。先后提出过"为学生发展服务，以人为本，开拓创新，办人民满意的学校"和"发展教师、发展学生、发展学校"的办学目标。2007年9月，学校更名为大兴区第十小学，改制为区直属学校。为进一步提升学校的办学水平，实现再发展，学校经过全局规划和反复论证后，以前瞻的眼光、求新的思维确定了学校更高的发展目标——"让爱与智慧伴随一生"的办学理念，将学校未来定位于追求"美的教育"，着力开展"美的教育"的研究。在"美的环境、美的课堂、美的活动、美的习惯、美的体魄"五个方面积极探索，以美打造学校品牌，用美塑造学校特色，为学生的终身发展奠基，创造大兴十小"美"的辉煌。

一、引领方向的教育目标——美的教育内涵

（一）美的教育

美的教育是以美为价值取向的育人活动。区别于美育，美是教育的宗旨和最终归宿，是一种追求，已渗透于学校德、智、体的各项工作中。

（二）美的教育的价值

以美为价值标准开展教育教学，美的教育在于培养美的人，全面贯彻教育方针，突出美的教育特色。

（三）开展美的教育研究的初衷

（1）从社会发展角度讲，美是社会发展追求的终极目标，是衡量社会与个人幸福指数的重要内容。

（2）美与丑是相对的，社会上丑陋的现象仍然存在，教师要站在美的视角教育学生。

（3）全面发展的人是美的人、和谐的人，没有和谐就没有美。

（四）系统预设，统筹整合

1．目标

全校以美作为办学的核心目标，以美作为学校、教师、学生的发展目标。

2．实施原则

（1）学校一切工作以"美"为价值取向。

（2）以"美"为教育目标。

（3）以"美"的教育实践为基础。

（4）以"美"为评价标准。

3．途径和方法

（1）创设美的环境。

（2）培养"美"的师生。

（3）实施美的教学。

（4）形成美的文化。

我们要培养全面发展，具有完美人格的人，使美充溢于整个教育，以美为灵魂作用和影响学生，使学生的全部身心融入"美的教育"之中，使学生的心灵受到熏陶和美化。我校提出的美的教育与传统意义上的美育有所不同，即以对美的追求为宗旨，将美贯穿于学校教育教学的全过程，全面实施素质教育。通过美的环境、美的课堂、美的活动、美的习惯、美的体魄五个方面，形成全方位、立体的美的教育，最终达到学校、教师、学生的可持续发展。我们先后请杨文荣、陶礼光、楚江亭及美育学会专家到校指导开展美的教育，请北京市教育评估院专家到我校进行评估指导，先后多次召开全校教师研讨会，在全校教师清楚美的教育的深层含义的基础上，形成清晰的办学思想：学校以追求美的教育、打造优质学校为办学目标，以构建完善的学校管理体系为途径，以夯实课堂教学六规范为发展根基。全体教师对学校办学思想普遍认同，为逐步形成良好的育人环境不懈努力。

二、扎实推进美的教育途径

（一）创设美的环境

美的环境目标：首先，校园外干净，有树荫，有草坪，校园内绿化有层次，有文化内涵。楼内有鲜花或盆栽树木，墙壁、楼内布置赏心悦目，从教师的工作、学生的学习角度出发，美为第一要素。其次，通过努力创设优美育人环境，探索美的教育为主题的校园文化建设，形成独特的明德、善学、励志、晓礼的校园人文精神，每处设计彰显"让爱与智慧伴随一生"的核心理念。在设计过程中，充分征求了教师和学生的意见。大家积极参与，如美的教育主题版画是聂精通设计的；"美"字文化石是安淼书写的；楼内的提示语是学生设计、教师修改形成的。还有楼道内教师那一张张可爱、温馨的笑脸，好像随时在向学生传达爱意。教室内外的设计是每学期年级组自己设计实施的，既展示学生心愿，又体现育人功能。每个办公室的设计体现教师的审美取向，不求一律，只求和谐。

（二）研究美的课堂

美的课堂描述：以爱为前提，课堂上师生平等和谐，教师的仪表言行受到学生的喜爱，传授知识的过程自然达成。倡导教师创建各具特色的课堂教学美，让课堂内充满创造力，充满发现美、感受美、认识美、理解美、展示美、想象美、创造美所带来的和谐。2004 年，我校制定课堂教学六规范，内含 25 个评价要素，规范教师课堂教学行为。2009 年 6 月，我校充分征求教师意见，讨论形成美的课堂教学目标和评价标准。

1. 大兴十小各学科美的课堂教学目标

语文：表达清晰，注重书写，品读体悟，语言文字美。

数学：启疑善思，合作探究，表达简明，逻辑思维美。

英语：情境激趣，活动有序，规范表达，文化交流美。

体育：组织有序，掌握技能，强健体魄，形体训练美。

信息：学会操作技能，文明上网求知，科技应用美。

美术：激发兴趣，注重体验，发现创新，情趣体验美。

音乐：愉悦身心，自信表达，旋律展现美。

科学：有序合作，自主探究，提炼表达，探究发现美。

品生（品社）、综合、劳技：主体参与，关注有德，生活品位美。

2. 美的课堂评价标准

（1）教师形象、语言，愉悦学生。

（2）结构安排有序，衔接自然。

（3）学生积极参与，思维活跃。

（4）突出学科特点，讲求实效。

（5）关注学生成长，着眼未来。

美的课堂目标与评价标准形成与修改的过程，体现了我校教师对课堂教学的认识过程，更加贴近学生。每学年，我校以美为题举行十小兴趣杯课赛，每位教师依据自身学科特点设定的美的目标各具特色。为了深入地研究课堂教学，把所有的教师按教师个人的意愿分成五组，分别研究美的课堂评价标准的五个方面，每学期四次教研时间，分别汇报研究内容与成果。此外，为了让我校"美的教育"工作有序开展，全体教师积极参与了"美的教育实施途径的研究"市级课题研究工作，使得学校的工作在科研指导下走得更深。校本课程结合学校实际，形式多样，深受学生的喜爱。2008年11月组织本校教师研发编制校本课程——"品读美文"，2009年3月出版供全校学生使用，每周一课时教学时间，学生参与率100％；空竹是我校传承民族传统课程，曾多次参加市、区级比赛，也是学生们课间的游戏伙伴；"形体训练"是结合学校美的体魄在四至五年级开展的体验课程，提高学生们的审美能力。

（三）开展美的活动

活动育人是学校的一大特色，大到全校活动，小到一人活动，要以实效性为第一要素，开展活动、参加活动都要展示大兴十小师生的最佳风貌，注重一言一行的表现，遵守细节决定成败的原则。

我校倡导"精、细、美"的活动目标，每次活动都要符合学生发展需求。组织要细致，结果追求实效。例如，我校每周升旗仪式中有一项重要内容是班级风采展示，旨在让每个班的学生通过升旗仪式展示自己的风采和个人特长。每学期18周，从高年级到中低年级，每周一班，自己班的学生做主持人。有的班级全体学生都很渴望参加活动，那就整班学生一起上台，通过大合唱或诗朗诵，歌颂班风、班貌。在大兴区组织的经典诵读活动中，我校教师非常重视，积极参与，分别取得两个一等奖、两个二等奖的好成绩。教师在辅导学生学习的过程中，精心设计，拓展思路，处处体现美的活动的宗旨，最终使得学生取得优异的成绩。学校内学生课外活动丰富多彩，跆拳道、街舞、花样跳绳、鼓号队、合唱队、科技小社团等，为学生提供了广阔的展示舞台。

（四）培养美的习惯

美的习惯主要是培养学生良好的语言、行为和思维方式。习惯决定性格，性格决定命运，要把培养学生美的习惯作为对学生及学生家长的承诺。培养学生美的习惯，教师要以身作则，为人师表，坚持不懈。

德育以培养学生美的习惯为重点，2008 年 9 月开始试行对学生进行美的习惯的评价，2009 年 3 月开发美的习惯评价手册，每月各班依据细化评价指标分学校和家庭两部分对学生及时进行行为养成评价。每学期领导干部进课堂听课，对班级和教师美的习惯培养形成情况进行量化评价。每月评选出优秀班级和优秀教师进行表彰奖励。正向激励较好地促进了学生良好习惯的养成。

（五）锻炼美的体魄

美的体魄包含健康的身体素质和心理素质，让每个生命成为社会发展的积极因素。学生是一个美丽、健康的生命，教育者的首要责任是精心呵护、培养、锻炼，使学生拥有阳光般的笑脸、红润的肤色和坚强的意志。为了让师生身心健康发展，我校做了一些具体的工作，如为教师开设健身房，组织女教师练习瑜伽，每月组织教师进行体育活动竞赛，请专家进行心理讲座。学生每月一次体育月赛，抓好队列、课间操的质量，体育课规范，按时监测学生的达标率。

三、潜心经营美的教育硕果

走进十小校园，由安淼老师书写的"美"字在巨大的文化石上熠熠闪光。校园内花团锦簇，绿草如茵，到处蕴含着丰厚的文化底蕴，承载着十小人怡情、养性、厚德的美好愿望。学校在校园文化建设中精雕细琢，努力创设优美的育人环境，以丰富学生的文化底蕴，力争创建宁静的学园、多姿多彩的乐园、环境优美怡人的美丽花园。学校三座主体教学楼分别以"立德""树人""思齐"命名。在各个楼层，根据学生的年龄特点进行了精心布置：低年级走廊命名为"成长路"，中年级走廊命名为"笃学路"，高年级走廊命名为"求索路"。精心布置的楼层环境，使每一块墙壁都充满着文化韵味的美。墙壁文化再结合简洁、温馨、人性化的教室文化，形成了学校特色的长廊文化。学校以教育者独特的匠心，巧妙地因地制宜，真正做到了让每一面墙壁说话，让每一寸土地都有教育。这里的一花一木、一砖一瓦、一桌一椅，无不传递出教育者的脉脉深情，彰显着十小师生对美的追求。

近几年，学校、教师、学生屡获殊荣。学生 123 人次在全国青少年"春蕾杯"征文中获奖，25 人次在全国小学生英语竞赛中获奖，12 人次在大兴区首届"京南杯"小学生朗读大赛中荣获一等奖，在大兴区学生艺术节直属片会演中荣获校级合唱同声甲组二等奖，我校的鼓号队在参加首都国庆 60 周年群众游行工作中获荣誉奖。

学校还先后获得大兴区家庭教育先进集体、大兴区先进党支部、大兴区工会工作先进单位、北京市星星火炬奖、全国优秀少先队大队等荣誉。

我们对未来充满信心。我们的目标是拥有"美"的学生，努力把学校建设成为一所"美"的学校。

摘自《北京教育教学研究（专刊）》2012 年

从学生的角度反思课程改革的成功

学校教育的载体是课程教育。小学生每天上 7 节课，也就是 280 分钟。他们小学六年在校上课，课时将达到 1 512 节。所以课程教育成功与否取决于学校教育成功与否。2001 年 9 月，北京市开始了新一轮的课程改革。这次改革是全方位、全动员、全参与的改革。通过改革，教师的观念变了；通过改革，学生的课堂面貌变了；通过改革，学校的管理方式变了，最重要的是通过改革，素质教育得到了更充分的体现。面对这次课程改革，我有太多的话要说，本文主要通过学生的角度反思课程改革的成功之处。

一、教学过程中学生的转变

教学过程是教师"教"与学生"学"的统一。在原有旧的教学观中，教学过程就是教师把知识单向传授给学生的过程。新课程体系注重建立师生积极互动、立足于促进学生主动发展的教学双边关系。

情景一：音乐课《采菱》

音乐老师王某选取的比赛内容是《采菱》。这节课中，教师与学生互相感染，声情并茂，最后，教师又由菱角让学生发散思维引出庞各庄的西瓜，安定的桑葚，采育的葡萄，把采菱的歌词进行修改，形成了一首优美的赞美大兴特色的歌曲。授课教师、学生、听课者在下课铃响后依然沉醉在优美的旋律中，沉醉在浓浓的情意中。

这是课程改革的结果。教师由原来的强制灌输，转换成师生一体的感受和体验。达到了情感、态度、价值观的和谐统一。

学校在教学过程管理中主要运用了教学六规范评价法。

一是课前准备规范；二是课堂语言规范；三是教学过程规范；四是板书规范；五是时间规范；六是课堂练习作业规范。

总体而言，这种评价注重的是课堂上学生的思维方式、表达方式和学习效果，把教师的传授变成学生主动学习的过程。

二、教学评价中学生的转变

情景二：学生成长档案袋展览

2007 年 6 月 28 日，学期末，学校少先队展室内，一队一队的学生在展室内进进出出，因为这里正在进行我校本学期学生成长档案袋的展览，每个学生的档案袋都进行展出。当三年级的一个学生走到自己班展览的地点时，拿出一本向其他同学介绍：这是我的档案袋，你们看里面内容多丰富，我获的奖可多了。看着学生自豪的神情，可见他对这个档案袋的重视。

根据课程改革对课程评价的建议，我校从 2003 年就建立了学生成长档案袋与学科能力抽测制度。几经修改，逐步完善，作为与考试评价相结合的评价制度。

学生成长档案袋的载体就是一个塑料文件夹，里面有几十个活页。在这些活页里，承载着学生所有学科的优秀评价内容。每学期初，我校德育主任与教学主任共同制定本学期的内容，并征求每学科教师的意见。把学生的学习态度、学习成绩、纪律表现、劳动表现、能力表现等打印成不同形状和颜色的奖励卡片，教师根据本学科的特点和上课节数自由选择，但是总数有要求。这些奖励卡片开始放在教师那里，随着时间的推移，慢慢地都会在学生档案袋里出现，你只要打开它，就可以了解学生每学科的表现。家长与教师的沟通平时不太多，但是家长可以通过档案袋了解学生在校每科的表现，增加了家长与学校、教师的相互了解。

学科能力抽测也是对学生评价的有益补充。首先制定每年级每科抽测的内容和形式，主要以语文、数学两科为主。低年级以口算和拼音、单词为主要内容，中年级以计算和小作文为主要内容，高年级以阅读和应用题分析为主要内容。干部进行分工，每人负责一个年级，抽测成绩与年终期末考试结合评价学生，并且与档案袋评价结合。

让每个学生都充满自信，为学生的一生发展服务，是新课程改革在我校的具体体现。

三、研究性学习中学生的转变

情景三：科学课中的有趣现象

上课了，这是一节科学课。教师吴某提前做好了一切准备工作，学生们坐在座位上兴高采烈，充满期待的眼神等待上课。这节课的内容是光和色。主要目标是了解阳光是由多种色光组成的，色光合成会发生色的变化。教师以探究的态度引导学生进行实验，学生时而趴在地上，时而聚在墙角，最后在纸上写下实验报告进行交流。快下课时，教师用学生的语言得出结论。

一节课结束了，学生的兴致没有结束，研究的精神没有结束。在小学，提到研究性学习，很多教师望而却步，许多学生不敢染指，觉得它的科学内容太深。其实，爱因斯坦的智慧不就是从做小板凳开始发掘的吗？爱迪生的发明萌芽不就是从孵蛋开始的吗？牛顿的万有引力定律也是起源于苹果掉地的现象。一切创造都源于人类简单的生活和学习。学生都拥有的最大财富就是天真和简单。教师引导他们怎样做，他们就会形成怎样的思维方式。

广义的研究性学习是指以帮助学生学会学习，促进学生的发展为宗旨，以改变学生单纯地、被动地接受教师知识传授的学习方式为着眼点，构建一种开放的学习环境，为学生提供一个多渠道获取知识，理解个人问题或社会问题，并将学到的知识加以综合利用于实践的机会。狭义的研究性学习是学生在教师的指导下，从自然、社会和生活中选择和确定专题进行研究，并在研究过程中主动地获取知识、应用知识、解决问题的学习活动。

我校的科学教研组和综合实践教研组、社会学科教师，形成综合实践教研组，以引导学生主动学习、深入探究、培养科学研究精神为目标，在课程改革背景下，形成了自己独特的风格。情景三是研究课题活动之一，大家共同鉴赏，共同"挑刺"，共同研究。在我校还经常看到花池内，教室的窗台上，教师的办公室内，有师生共同培育的种子、鲜花、小草和各种蔬菜等，也经常看到师生从家中拿来各种实验物品，有带生命的，也有可以品尝的。从这些地方，可以深切感受到他们对研究的兴趣和执着。

从学生的角度看课程改革的成功之处，体现了以学生为本的理念，体现了素质教育中学生发生了哪些质的变化。学生是教育的主体，是教育成败的最终体现者。

摘自《神州》2013 年

挖掘教师潜能　发挥资源优势

在学校的诸多因素中，人是最活跃、最能动，起决定作用的因素。校长领导力，是校长实现学校目标，影响全校师生员工和以家长为代表的利益相关者的能力。校长的教师领导力包括校长要读懂教师，规划教师的专业发展。校长读懂教师有三种境界：第一，我是你的知音（朋友）；第二，我和你一起蹚过生命之河（成就教师）；第三，你我共同成长。北京市大兴区第十小学对教师的专业发展进行了三方面的研究。

一、关注人际关系建设

关注人际关系建设，为教师专业发展提供和谐的人文环境。学校内和谐的人际关系建设，包括教师自身文明素质建设和学校宽松环境建设。和谐的人际关系是教师有发展的土壤。众所周知，人的内因对人的言行起决定作用，要想调动教师的工作积极性，就要促进内因起作用，达到提高工作效率的目的。大兴区第十小学以人性化为宗旨组织了如下活动：每日准备营养早餐，教师按需购餐；为教师献上生日贺卡；为40岁以上教师配花镜；改善教师宿舍环境；建立领导与教师谈心制度，沟通情感，了解教师的心声；要求全体干部必须树立服务意识，力争成为一线教师的有力保障；设立读书制度；每月组织教师文体活动，丰富教师的文体生活，增强集体凝聚力；制定教师的合作制度及规范；奖"优"促"后"。另外，在制定各项制度、政策时充分征求教师的意见，突出以人为本，使制度能够促进人的发展，而不是制约人的发展。健康的校园气氛使师生的心智得到了和谐发展，形成了有利于学生个性发展的人际关系。

二、加强学习研究为教师专业发展奠定理论基础

现代教师所面临的挑战，不但具有高度的不可预测性与复杂性，而且越来越找不到一套应变办法。因此，教师必须树立终身学习的意识，保持开放的心态，把学校视为自己学习的场所，不断进行专业知识的学习。

学校充分利用专家的引领作用，为教师答疑解惑，包括利用大兴区干训、德育研究室、教科研、小教研力量对教师进行专业培训。学校的培训学习突出平等和参与意识，在这里没有传统意义上的"教师"和"学员"，大家都是平等的参与者，教师不再把自己当作被动的受训者，而是积极主动地参与。例如，讲座学习不再单纯讲理论，而是分析案例，让教师在潜移默化中接受理论观点；再如学校制订了详细的科研计划，校长亲自挂帅，科研主任、骨干教师全员参与，层次清晰、分工明确，教师们根据自己的特长和所教学科承担相应的课题，并把教研与科研相结合，在工作中注重积累，以科研的观点和方法进行教学工作，做到科研为教学服务。这些全新的培训模式，构建了新的学校文化，为教育管理者与教师搭建了平等对话、交流的平台，教师的专业能力得到空前的锻炼和提高，教育观念发生了根本的转变。

三、举办管理业务活动为教师发挥潜能提供展示舞台

从长远看，加强教师专业发展的有效途径，是将教师集体建设成为学习型组织，使教师集体成为教学、学习与科研紧密结合的组织体。为此大兴区第十小学组织了一些行之有效的活动，尝试了几种不同的管理方式，效果明显。

（一）骨干教师压重担

学校有完整的骨干教师培养规划，制定了学科带头人、骨干教师评选办法，即通过对40岁以下的年轻教师撰写教案、说课、上课、反思日记、教育故事等进行考评，评选出校级学科带头人和骨干教师24名，加上区级骨干教师11名，形成了阶梯形骨干教师队伍，为骨干教师创设发展的氛围和空间。

（二）新任教师要过关

3年间有14位新任教师来校任教，他们先要接受学校的培训，最重要的

是要讲课过关，先做到板书、语言等"课堂六规范"，然后再通过各种课型提高新任教师教学水平，如开学初教导处领导深入课堂，从备课方法到讲课过程全方位跟踪指导；为新教师上课录像，与同组教师共同观看，促使他们发现讲课中的问题等。

（三）业务活动显身手

几年来，学校以"五个一"活动和兴趣杯课赛为载体，建立了教师施展才华、校本教研的阵地，形成了"学习研究—评价—实践"的管理模式。在学校里，学生与教师孰轻孰重？其实一所学校教师资源是不会变的，教师是学校永恒的资源，而校长的教师领导力是产生优质教师资源的关键。

摘自《名校解读》2014 年

以中小无痕衔接促学生健康发展

中小学无痕衔接源于一名家长困惑的思考：2009年10月，我在学校门口值勤，一位我校六年级毕业现已升入七中初一的家长，与我交流他家孩子上初一后的情况，其中一句困惑引起了我的关注和思考："高校长，我的儿子这一个多月非常留恋小学教师和伙伴，他觉得上初中学习生活不适应，各科学习任务多，有点应付不过来。"这句话触动了我，六年级学生与初中生活的衔接应该成为我校学生发展的课程。这给予我们做好六年级学生与初中生活最大的衔接空间，我们有体育馆、学生和教师公寓、学校食堂、学校文化大厅为两校共用场所，我们的后勤管理是两校轮岗，一校管一个年度，在日常工作中，干部、教师、学生经常碰面，沟通、交流已是我们的日常管理的一部分。

2013年底和2014年初市区两级教委先后出台了《北京市教育委员会关于做好小学初中学段衔接工作的意见》和《大兴区教育委员会关于做好小学初中学段衔接工作的实施方案》的相关要求，推进小学、初中有机衔接，加强义务教育阶段人才培养的系统性、整体性、协同性、连贯性，全面提升育人水平，促进义务教育优质均衡发展，为学生健康成长构筑绿色通道。为了落实相关文件要求，从符合学生认知规律出发，打破中学、小学两个阶段的壁垒，为了适应学生终身学习和健康有序发展需要，我校经过研究和实践，做了四项工作。

一、四个共识营造中小衔接工作氛围

美的教育的理论基础是形成全方位、立体的美的教育，最终达到学校、教师、学生的和谐、可持续发展。

学校学生作为自然人的属性，他的成长应该是连贯、有序、良性的过程，由于学校沿革和教育行政管理体制的需要，把学生的教育分成了不同的学段，如小学六年制教育，初中三年制教育。中小衔接教育的主要目的是把行政管理分学段的有痕管理化作中小学教育的无痕衔接育人。为了达成这个目标，需要使干部、教师、学生、家长四类人群达成共识。

（一）通过干部研讨达成共识

小学基础教育是根基，是发展的根本需求。有习惯的基础、知识的基础、技能的基础、情感的基础、人际交往的基础、生活需要的基础等，做好这些基础工作要注重每个年级的学生发展研究。我校主管德育、教学、少先队、校园文化建设等工作的干部每学期初在制订工作计划时，要根据学生可持续发展的原则，做好年级学生培养计划和方案，每学期末教学干部都要在总结中写出学生年级培养工作的收获与问题，并且找到下个学期的解决途径，在干部会上进行宣讲，如此循环往复。我校的教学干部每人除主管一份工作外，还要联系一个年级，使得学生的年级特点突出，研究深入。

（二）通过教师研讨达成共识

我校有 20 位教师的孩子正在就读初中，我和这些教师进行调研座谈，让他们说说孩子初中生活与小学的异同，并请六年级教师参加，大家在一起畅谈我校怎样做好小初的衔接工作，为学生终身发展服务。教师达成共识：学生六年级第二学期开展"放飞理想 奠基美好人生"毕业生主题教育课程具有重要意义。

（三）通过家长进校园活动达成共识

我们邀请初一新生家长到我校开设家长讲堂，具体交流学生小学与初中的变化，家长怎样帮助孩子迈好人生的台阶，我校德育副校长为家长培训六年级第二学期学生"放飞理想 奠基美好人生"毕业生主题教育课程内容，并且调研家长的其他需求。家长达成共识：学生的发展需要家校合作。

（四）通过生动活泼的课程达成共识

在毕业生"放飞理想 奠基美好人生"的主题教育课程实施中，我校征求学生的意见，与他们共同研究，对学校的方案提出意见，并且请初一的学生与我校学生交流初中生活的美好。让六年级学生达成共识：小学与初中是他们美好人生的最佳时期，是重要的人生经历，要从小播下奋斗的种子，树立远大的志向，珍惜时光，健康成长。

二、以三个"走进"开启中小衔接智慧

当大家达成共识以后，在自身工作和自身建设过程中关注和研究高年级学生发展的同时，我校师生每学期走进大兴七中西校区，参与他们的活动，感受初中管理文化、课程文化、课堂文化和我们的差异。

（一）走进学校感受管理差异

大兴七中是大兴区名校，其管理团队非常优秀。我们学校班子成员通过与七中班子成员座谈，参与七中校务会，参加七中体育节，参观校园文化等活动。感受七中的名校风采和学校的管理差异。通过管理差异研究我校不同年级段的管理策略：在教师的校本研修培训课程中，针对学生的身心发展特点，提出了低、中、高三个学段的培养目标。针对高年级，我们主要研究青少年身心发展特点，制定相应的学习习惯培养目标和心理发展教育目标，体现学生年龄特点，体现学生身心发展特点，班级文化建设体现自主。落实全员德育，充分发挥全体教师的工作积极性，开展以"五星少年"评价为重点的美的习惯系列教育活动。每月召开班主任例会，组织学习班级管理知识，有针对性地发现、提出、解决问题，多研讨，分年级开小会。

（二）走进课程感受课程设置的差异

我校教学干部与高年级教师，共同对比小学和初中一年级课程的差异，看初中教学视频，走进初中班级，最大的感受是文化主课程设置比小学六年级多，学生学习压力相对更大。根据课程差异我校的策略是：为每位高年级教师配备一套相对应学科的初一教材。在校本培训课程中，安排了走进班级谈课程，走上讲堂讲美育，走近学生听心声等活动。在说教材活动中，高年级教师说的重点放在学生现在的基础与将来发展的联系上。

（三）走进课堂感受课堂教学的差异

我们利用七中教师评优课、展示课的机会，带领我校教师和学生代表去七中的课堂感受初中教学的特点，听课后教师与学生座谈，说出最明显的不同和教学精彩之处。根据课堂差异我校的策略是制定课堂教学标准，做到教学内容规范、教学时间规范、教学板书规范、课堂结构规范、课堂练习规范。课堂教学要求强化教学自主学习研究、注重教学效率、教师分层布置作业、

预习作业要有模式。

三、以两个"渗透"扎实推进中小衔接

（一）渗透初中学科内容

渗透初中学科文本内容，建立知识建构的联系性，初步建立初中文本印象，为初中学习打下基础。例如，数学中图形的平面与立体的联系，渗透初中教学中图形的平面与立体的计算与想象；语文古诗词，在讲到某一著名作者的作品时，教师会渗透他的其他作品进行赏析，并且告诉学生这些内容会在初中出现，希望学生加深了解。

（二）渗透大密度学习方式和学法指导

因为初中的学习任务重，每节课的学习密度比较大，所以教师对初中学生的学法指导尤为重要。小学课堂现在已非常注重学法指导和训练，为了与初中的衔接，我校高年级教师在语文、数学、英语等课堂中加强学生记录学习笔记，在书中进行重点批注，重视课前预习等方面已取得一定成效。

影响人的身心发展的因素有很多，教育对人的身心发展起着主导作用。教育不仅能够制约人的遗传素质对其身心发展的影响，而且可以能动地调整和选择环境对人的身心发展的作用，更为重要的是教育还能对人的身心发展的方向、速度和水平施加系统的影响。所以，教育者在教学过程中，应当严格遵循受教育者的身心发展特点，充分发挥教育在人的身心发展中的主导作用。学生的发展是学段教育、学段衔接的主题目标，小学与初中的教育衔接渗透是必须和有意义的活动。同一个家园，同一个梦想，做好无痕衔接，促进学生的健康发展。

摘自《关注中小衔接 促进学校内涵发展——走进大兴》2015 年

以爱立德　爱德尚美
以智启慧　智慧创美

"我认为整个教育体系的重要目的是：使学校教会人在美的世界中生活，使美的世界能在人身上创造美。"

——苏霍姆林斯基《把整个心灵献给孩子》

大兴区第十小学的前身是大兴区芦城小学，在几十年的办学实践中，学校积淀了丰富独特的历史和人文资源。近几年，学校明确提出了美的教育发展方向，取得了一定的成效。如今，为进一步发挥学校文化的引领作用，深化学校美的教育文化内涵，大兴区第十小学立足实际，通过深入调研、专家引领，提出了"以爱立德 爱德尚美 以智启慧 智慧创美"的文化核心价值观。

一、美的教育创造美的境界

人类是美的追随者，对美的追求亘古不变。美的教育是符合人类发展规律、适应社会进步的一种好的教育。大兴十小在多年的教育实践和探索中，赋美以特征，寓美于过程，尚美为取向，创美为目的。以爱和德丰富美的内涵，以智和慧创造美的境界，实现对美的追求。

大兴十小美的教育可分为"情"和"能"两个维度：美的教育是一种"情"的教育，内化于心的美是一种情感。

美的教育是情感表达、情感交流、情感升华的过程，需要爱和德的支撑。爱和德是美的教育的内涵与核心之一，美的教育是对爱和德的彰显。只有融入了爱的教育，体现德的应有之义，美的教育才能体现真正的魅力。

大兴十小人爱德尚美，以"打造美的校园、培养美的教师、培育美的学生、影响美的家庭、创造美的世界"为追求，实现个人和社会美的理想。

美的教育是一种"能"的教育，外显于形的美是一种能力。

美的教育是生命感知、实践体验和创新发展的过程，需要智慧的激发。智慧让我们发现美的规律，探求美的本质，激发对美的创造欲，发挥创造美的主观能动性，从而真正用美的原则创造美的世界。

二、以爱立德，爱德尚美

爱，表达的是对人或事物的一种深厚而真挚的感情；德，指内心的情感或者信念，用于人伦，则指人的本性、品德。德是包罗万象、无所不在的。

《礼记·檀弓上》曰："君子之爱人也以德。"爱是德的核心和精髓，德是爱的体现与彰显。怀着一颗爱的心去做事，就可以说是有德。融入道德的爱，才是真诚的爱。爱和德共同构成了人生的根基。

苏霍姆林斯基说："有爱的教育，才是真正的教育。"爱是教育的基础，只有融入了爱的教育才是真正的教育，才是美的教育。

党的十八大指出，教育的根本任务是"立德树人"。德是教育的核心，只有以德为核心开展的美的教育，才有内在发展的动力。

大兴十小寓爱于教，寓德于教，在教育实践中，将爱和德融入师生的学习和生活中，坚持"见贤思齐，见智思学，见美思从，怀兰蕙之心，践虞舜之行"的尚美情怀，爱人以德，以爱立德，爱德尚美，培养师生高尚的道德素养和良好的意志品质，追求美的世界。

三、以智启慧，智慧创美

《管子》一书认为："四时能变谓之智。"智，含有聪明才智的意思，是指辨析判断、发明创造的能力。智者明白事物发生的过程和表象，善于处理现实中的矛盾和问题。慧，心字底，是一种精神，一种状态，当一个人的修为达到这种状态、持有这种精神的时候，就具备了慧。慧者更能理解事物发生的内在原因，长于思考现实提出的理论问题。智与慧既有密切的联系，又有很大的不同。智是达到慧的必由之路，慧是智的更高层次。

大兴十小充分认识到每个儿童心中都有一颗美的种子，相信每个儿童都有创造美的能力，而智和慧则是唤醒这种能力、浇灌这颗种子的力量与源泉。学校的教师在教育实践中坚持传授知识与启迪智慧并行，在每天的教育教学中用智慧创设美的环境，研究美的课堂，开展美的活动，培养学生美的习惯，锻炼美的体魄，用智慧激发和点燃学生的智和慧，拥有共同创造美的能力。

大兴十小人通过对美的环境的追求，营造美的校园；通过对美的习惯的培养，塑造美的学生，影响家长，形成美的家庭；通过对美的体魄的追求，打造身心健康的美的教师、学生；通过对美的课堂的追求，塑造美的教师，展现教师美的风采。

美是教育的起点、过程和追求。在教育实践中，大兴十小用一颗爱德之心追求美，以美的教育凝聚智慧，让爱与智慧伴随美的一生，创造美的世界！

摘自《教育科学与艺术》2015 年

学校文化建设示范校申报报告（节选）

一、学校基本情况介绍

大兴区第十小学前身是芦城小学。2007年9月1日，为了适应经济的发展需要，发展本地区的教育，更名为大兴区第十小学，由农村镇级学校改制为区直属学校。

现在的大兴区第十小学位于大兴新城所在地，与大兴七中分校毗邻。学校教学楼建筑面积9 927平方米，教育教学设备完善，公共设施齐全。现设有普通教室30个，专用教室14个。27个教学班，在校学生976人，教职工83人，其中区级以上学科带头人及骨干教师11人。

近十年来，大兴区第十小学坚持文化引领内涵发展，梳理出"以爱立德 爱德尚美 以智启慧 智慧创美"为核心价值观的美的教育文化体系，使学校焕发勃勃生机，推动学校教育健康发展，师资队伍和谐发展，学生身心全面发展。

二、学校历史发展阶段及其理念传承

学校文化是学校发展的灵魂，是凝聚人心、展示学校形象、提高学校文明程度的重要体现。学校文化应该具有传承性、时代性、现实性和前瞻性。

学校文化的传承经历了四个阶段。

1982—2001年，芦城小学，校长孙殿友，校训：团结、勤奋、向上、健美。

2001—2003 年，更名为黄村镇第二中心小学，校长赵文民，学校注重校园环境建设，首先是改善校园环境，校园粉刷墙壁，注重墙壁文化、校园绿化，被评为大兴区校园环境示范校。校训：团结、勤奋、向上、健美。

2003—2007 年，黄村镇第二中心小学，校训：文明、善学、优雅、创新。2004 年学校提出"美的教育"，当时文化建设有四个途径：美的环境、美的课堂、美的习惯、美的体魄。

2007 年 9 月—2015 年。2007 年 9 月，学校迁入教学楼新址，更名为大兴区第十小学，全体同仁深入挖掘美的内涵，践行美的教育文化理念。

学校文化建设是社会主义先进文化建设与发展的重要组成部分，是建设社会主义和谐社会的重要内容，也是学校内涵发展的重要环节。学校文化建设有利于将社会主义核心价值体系融入教育教学全过程，为学生健康成长创设良好的氛围；有利于推动学校文化的传承与发展，提升学校办学品质，带动和辐射学校周边社区文化建设。2008 年，大兴十小成为北京市美育协会会员。

近几年来，大兴十小全体同仁深入挖掘美的内涵，践行美的教育文化理念。整体上，注重内化美，全局规划文化理念，营造美的文化氛围；外观上，打造环境美，完善校园物化环境，建设校园精神环境，营造校园心理环境，三大环境共同形成一种润物细无声的隐性的美的教育；制度上，奉行管理美，形成学校"一二三四五"的个性化的美育体系，即一个办学理念的支撑，干部、教师两支队伍发展的策略，三种德育的研究行为（班主任队伍与班级文化建设、师生行为方式、活动育人方式），四项质量提高举措，五项具体内容（美的环境、美的课堂、美的体魄、美的习惯、美的活动）的细化；队伍上，铸造团队美，提高教师的品德学识、审美情趣和德育实践能力。

大兴十小在美的教育实践中，探寻美的教育现实的可行性、可能性和必要性，将深厚的历史沉淀与鲜明的时代精神进行碰撞，在明确教育改革的方向和学校发展方向的基础上思考，回应当今社会对教育的呼唤，形成个性鲜明的大兴区第十小学美的教育文化体系。

三、学校办学理念体系建设

（一）大兴区第十小学美的教育文化基础

什么是美？美，最初表达的是一种味觉上的可口与鲜美，后来逐渐引申为"善""好"等意思。善良的人，美好的事物，都是美的。美好的事物，可以为我们带来好心情，愉悦身心。

大兴十小美的教育有"情"和"能"两个维度：

美的教育是一种情的教育，内化于心的美是一种情感；

美的教育是一种"能"的教育，外显于形的美是一种能力。大兴十小在多年的教育实践和探索中，赋美以特征、寓美于过程，以"打造美的校园，培养美的教师，培育美的学生，影响美的家庭，创造美的世界"为追求，以"创设美的环境，研究美的课堂，开展美的活动，培养美的习惯，锻炼美的体魄"为途径，以爱和德丰富美的内涵，以智和慧创造美的境界、美的人生。

（二）美的教育文化核心价值观

学校文化的核心是价值观，是凝聚力的根本，应充分体现国家教育方针和素质教育的要求，符合社会主义核心价值观，重视中华优秀传统文化教育。

在近十年的发展中，大兴十小明确提出了美的教育发展方向，取得了一定的成效。如今，为进一步发挥学校文化的引领作用，深化学校美的教育文化内涵，学校立足实际，通过深入调研、专家引领，提出了"以爱立德 爱德尚美 以智启慧 智慧创美"的文化核心价值观。

以爱立德、爱德尚美。爱，表达的是对人或事物的一种深厚而真挚的感情。德，指内心的情感或者信念，用于人伦，则指人的本性、品德。德是包罗万象、无所不在的。

（三）学校办学理念是让爱与智慧伴随美的一生

办学理念是教育理念的下位概念，是校长基于"办怎样的学校"和"怎样办好学校"的深层次思考的结晶。学校理念、教育目的理念、教师理念、治校理念等都应涵盖其中。在美的教育"以爱立德 爱德尚美 以智启慧 智慧创美"文化核心价值观的引领下，大兴十小确立了"让爱与智慧伴随美的一生"的办学理念。"爱"是对人或事物的一种深厚而真挚的感情，是做人的"魂"和准则，更是大兴十小师生追寻的目标。一个人只有心中有爱，才会善待自己、爱护他人。只有爱学习、爱劳动、爱祖国，爱世间万物美的东西，才会坚持对美的追求。而"智慧"更多的是指人的聪明才智，是"爱"的引擎，可以教会人传播爱的能力，播撒爱的种子，提升创造美的能力。所以师生在拥有爱的同时，还要不断努力学习，提高素养，具备智慧。只有同时拥有爱和智慧，才能追求美、创造美，最终形成自己完美的人生。

（四）学校办学目标是用美的教育奠基美好人生

办学目标是指在较长时间内，学校生存和发展中带有全局性、方向性的奋斗目标，须有科学预见性和创新性思考，须坚持实事求是、量力而行和可持续发展的原则。在美的教育文化的引领下，大兴十小人提出了"美的教育奠基美好人生，创造美的世界"的办学目标。

对美的追求是人类永恒的主题。美的教育是适应社会进步的教育，符合人类发展规律，在传授知识提升智慧的同时，培养人对美的理解和认识，塑造人外在的习惯美、语言美、体魄美，提升人内在的品质美、性格美、心灵美。此外，美的教育还会提高人的创美能力，教会人用美的思维和智慧创造美，体现自身价值，让人享受美带来的愉悦感和成就感，奠基美好的人生，创造美好的世界。

（五）学校育人目标是培养有尚美情怀和创美能力的全面发展的人

教育决定未来。今日的教育状况决定了今日青少年的精神品质，也决定了未来中国的社会面貌。中国特色社会主义道路从中华民族五千多年的文明中走来。传承中华优秀传统文化，是深化中国特色社会主义教育和中国梦宣传教育的重要组成部分，更是大兴十小全体教育者肩上的重任。让学生拥有一个美好的人生和未来，不仅是父母的义务，也是全社会的责任，更是大兴十小美的教育的责任。大兴十小人始终坚持育人为本，紧跟时代发展步伐和学校实际，提出了"培养有尚美情怀和创美能力的全面发展的人"的育人目标。在美的教育"以爱立德 爱德尚美 以智启慧 智慧创美"文化核心价值观的引领下，每个学生都具有尚美情怀，具备创美能力，运用爱和智慧开启美好的人生，创造美的世界，实现全面发展。

（六）学校校训

校训，是学校精神的灵魂，是全体师生共同遵守的行为规范和道德准则。在美的教育文化"以爱立德 爱德尚美 以智启慧　智慧创美"文化核心价值观的引领下，学校提出了"爱德尚美 智慧创美"的校训。

（七）学校标识

1. 校徽

大兴区第十小学校徽图形外圈分为两部分，上半部为：大兴区第十小学的拼音字母，下半部用学校的办学理念"让爱与智慧伴随美的一生"托起大兴十小"以爱立德 爱德尚美 以智启慧 智慧创美"的核心价值之光。

主体图形是红色，以"十"和"小"的汉字连写变形，像一个身形健美、奋力奔跑的人物动态。整个形象不仅体现了中国传统书法的韵律美，更浓缩了大兴十小的精神品质。同时，红色象征热情和力量，寓意为精神饱满、意气风发的大兴十小人在"尚美"的追求中不断前进，在"创美"的过程中努力前行。图 1 正下方白色的"2007"是大兴十小建校时间标志。

图 1　校徽

文字外形以五个清新的蓝色花瓣围绕，是自由绽放的生命之花，是大兴十小人用爱、德和智慧浇灌的"美的教育"之花。

2. 校歌

校歌创作于 2007 年，词作者为安莉娜，曲作者为苏殊鹤、王静，均为大兴十小的教师。歌词依据学校美的教育理念加以阐发而创作的，句式整齐，用词精练，反复吟咏，能够激发师生的自信心与自豪感。歌曲旋律热情奔放，振奋人心，表现了我校师生追求爱德尚美智慧创美的精神，符合学校的办学理念，激励着大兴十小人奋发前进。

四、学校办学实践体系建设

大兴区第十小学在几十年的历史发展中，积淀了丰厚的文化底蕴。在传承的基础上，大兴十小不断探索，积极实践，勇于创新，将美的教育文化理念渗透到学校工作的方方面面。

（一）制度文化彰显规范美

大兴十小在美的教育文化理念的指引下，加强学校制度建设，彰显规范美。

学校组织结构合理、职能部门分工明确、责任落实到位，制度规范精细，保证管理的有序进行。管理方面，为了使规章制度能够更深入、更具体，学校实行按章治校的管理原则，制定了科组班级管理系列规章制度，教师管理系列规章制度，学生管理系列规章制度，实现学校不同人群合理、公平的管理。德育方面，有明确的目标、工作规划与落实方法。围绕目标，成立专门工作领导小组，不断规范教师与学生的各项行为制度，力求在日常教学和实践活动中，进行美的教育。教学方面，为提高教学质量，学校管理层出台《课堂教学六规范》，建立校本教研方向与工作的评价机制，增强教师教研活动的时效性。注重学生能力与知识的结合，达到学生知、情、意三个维度全面发展的目标。后勤管理方面，学校以人为本，树立服务意识，提高服务技能，保证服务质量，规范后勤管理，为学校的教育、教学工作提供有力保障。

（二）物质文化彰显人文美

学校物质文化作为一种特殊的文化形态，是学校文化的重要组成部分，也是学校教育活动的"舞台"。大兴第十小学将物质文化的人文美展现在五个方面：室外文化、楼道文化、班级文化、学科教室文化和园地文化。学校三座主体楼分别以"立德""树人""思齐"命名。在学校的各个地方，都根据学生的年龄特点进行了精心布置：在校园里，美德园内由安森老师书写的"美"字在巨大的文化石上熠熠闪光。美学园内花团锦簇，绿草如茵，承载着十小人爱美、尚美、怡情、养性、厚德的美好愿望；美耕园内种植着十多种果树和花草。在楼道里，精心布置的楼层环境，使每一块墙壁都充满文化韵味美。我校教学楼有三层，一层体现自然生态美，绿色为主色调；二层体现艺术气质美，红色为主色调；三层体现科技创新美，蓝色为主色调。墙壁上，按学生年龄特点结合相关主题，展示学生的原创作品，成为学生展示美的阵地。墙壁文化结合、简洁、温馨的教室文化，形成了学校的特色长廊文化，彰显着十小师生对美的追求。墙景文化是大兴十小最出色的标志性景观之一。在教室、办公室墙上挂有著名艺术家、思想家、作家的书画，展出他们的成就，启迪智慧，潜移默化中向学生渗透智慧创美的意识。

（三）行为文化彰显兼爱美

美的教育文化深入学校的每个师生心中，形成了师生互助、互爱的兼爱美。在大兴十小，干群之间和谐相处，团结友爱；师生之间平等、尊重、宽容。教师以学生为本，以爱为前提，从学生的实际需求出发，用规范的语言、大方得体的行为举止，通过美的课堂传授知识，启迪学生智慧；学生尊重教师，在愉悦的心境中充分感受到课堂美，用良好的行为习惯去学习知识，感受学习的快乐，并将这种美好的情绪传递给家长，影响美的家庭。学校在学生养成教育工作中实施三五十工程，培养学生的优秀品质。良好的师生关系、师师关系、干群关系和家校关系，共同促进了学校的可持续发展。

（四）课程文化彰显多元美

我校的课程分为常规课程、特色课程、专项活动和社会实践。大兴十小在做好常规课程的同时，根据学校实际和师生发展需求，积极开发特色校本课程，学校先后组织本校教师研发编写校本课程教材——《品读美文》《成长、笃学、求索》《空竹》《跆拳道》《舞蹈》《电钢教程》《形体训练》《口风琴》，每周安排教学时间，学生参与率100％。

（五）课堂文化彰显灵动美

课堂是学校开展教育的主阵地。学校制定《课堂教学美的行为准则》，提出教师教学美、学生课堂美的准则。制定课堂教学六规范，形成美的课堂教学目标和评价标准，内含25个评价要素，规范教师课堂教学行为。倡导教师将美的教育文化渗入课堂教学中，创建各具特色的课堂教学美，让课堂内充满着创造力与和谐。每学年，学校以"美"为题举行大兴十小兴趣杯课赛，每位教师依据自身学科特点设定各具特色的美的目标。为了深入研究课堂教学，将所有的教师按教师个人的意愿分成五组，分别研究美的课堂评价标准的五个方面，每学期四次教研时间，分别汇报研究内容与成果，共同打造充满发现美、感受美、认识美、理解美、展示美、想象美、创造美的灵动课堂。

五、学校优势领域发展

（一）放飞理想给学生创设发展平台

班级风采展示活动，增强了孩子们的自信心，凝聚了集体的情感；环境保护教育活动，增强了环保意识；民族团结教育活动，让学生了解了更多的民族文化；"三好课间、五星少年、十好习惯"系列活动，有赏识鼓励，也有美的习惯养成；爱学习、爱劳动、爱祖国教育，规范了学生的行为方式，培养了爱国情怀，激发了他们为祖国的繁荣富强而努力读书的情怀。晨会、班队会，国旗下风采展示、演讲等，红领巾广播、板报、手抄报等形式，制作新的垃圾回收桶，跆拳道、街舞、花样跳绳、鼓号、合唱、科技小社团、阳光少年体育月赛，学校充分挖掘各种校内外资源，为每个学生搭建平台，在校园艺术节中，学生尽情展现个人风采和特长魅力；在社会大实践中，动手参与，不断提高实践能力；在与大自然的亲近中，学生积极挑战自我，锻炼胆魄；在大皮营社会实践基地，拉坯成型、空间创想、丝网花艺、桌上足球、航模制作、垂钓、电子科技、石膏浇铸、电烙花、垂钓、游乐园魔术表演等项目，学生自信、坚定、进取，勤奋团结，善思乐学，塑造了良好的性情和品格；健康知识宣传，心理健康培训，"心灵氧吧"的疏放，促进学生健康、全面、快乐成长。

（二）美读工程为师生注入发展源泉

读书是进步的基础，读书是教育的标志。读书不仅可以使人开阔视野、增长知识，还可以使人明理，为人导航。对于教师来说，更是如此。小草也有高贵的品格，狼群也有自己的孤傲，何况我们是人，是自然界最聪明的生灵。物质的满足过后是空虚，精神上的满足才是财富，加强修养，增添内涵，永葆生命力的旺盛、丰富，将使自己快乐、幸福。

我校的校训是"爱德尚美，智慧创美"，师生必须从书中汲取营养，寻找智慧与爱的源泉和方法。在具体实施中，我校采取的方式两方面。

1. 创设优美读书环境

每班和每个办公室有读书角，每层楼道有读书角，学校有两个图书室，共 360 平方米，从 2007 年搬入新校址后，共计投入 150 万元购置图书和创建图书吧、图书角。在图书的配置过程中，以我校的办学理念为依据，践行美的教育。

2. 读书管理制度健全

（1）教师制度：以室为单位，制定时间表，每位教师每天读书半小时，自己登记时间（周一至周五必须记，周六、周日自愿）；推荐好书（通过大厅黑板）；推荐好文章（通过校园网）；交流读书体会（每周一次，以室为单位，用一个下午放学时间，每次两人），时间自定；写读后感（每学期一次）；评比最佳读书室；指导读书方法；设立每年 5 月第一周为教师学生读书节。

（2）学生制度：校内教师、校外专家学者指导读书方法；每生每周读一本书（教师推荐，图书管理员记录）；每周有读后感或摘抄笔迹（学校检查）；每班有读书展示园地（每月更换）；每节语文课学生一分钟表达训练（对自己读的书进行简述）；评比星级读书员；设立每年 5 月第一周为教师学生读书节。

几年来，我校已形成规范的管理步骤：第一，强制读书时间；第二，目标激励跟进（目标激励就是通过目标的设置激发人的动机，引导人的行为，使被管理者的个人目标与组织目标紧密联系在一起，以激励被管理者的积极性、主动性和创造性）；第三，养成读书习惯；第四，从书中寻找快乐；第五，为学生做校级绘本。

六、综述

学校文化是学校的灵魂和统帅，大兴区第十小学深入贯彻落实《国家中长期教育改革和发展规划纲要（2010—2020 年）》，在立足学校明确提出美的教育的基础上，在专家引领下，深入挖掘梳理出"以爱立德　爱德尚美　以智启慧　智慧创美"为核心价值观的美的教育文化体系，提出"让爱与智慧伴随美的一生"的办学理念，确定"美的教育奠基美好人生，创造美的世界"的办学目标及"培养有尚美情怀和创美能力的全面发展的人"的育人目标。十小通过制度文化建设、物质文化建设、行为文化建设、课程文化建设、课堂文化建设，让美的教育彰显出制度文化规范美，物质文化人文美，行为文化兼爱美，课程文化多元美，课堂文化灵动美，从而打造美的校园，培养美的教师，培育美的学生，影响美的家庭，创造美的世界。

摘自《学校申报报告选编（小学版）》2015 年

弘扬传统文化是学校特色发展的落脚点

学校的特色建设就是不断地实践全面发展、全面育人，在不断追求卓越的过程中实施素质教育。特色成果的显现一定是学生、教师、学校的整体发展，而实质则是学校文化积淀的成果，是办学理念的充分体现。

一、背景与战略分析

（一）背景分析

中华传统文化博大精深，源远流长。五千年的文明积淀出很多文化遗产和教育经典。学习中华民族的优秀传统文化和弘扬中华民族的优秀传统美德，使传统文化不断与现代社会育人目标相融合，激发传统文化的现代活力，是学校教育义不容辞的责任。根据时代的发展需要，推进学校的传统文化教育，找准学校发展新的生长点，使之成为学校的特色是我们追求的目标。

1. 基础与积累分析

学校现有 53 个教学班，学生 2 600 名，主要生源来自大兴二小周边所属辖区及共建单位，学生整体素质较高。所有的孩子正处于儿童记忆学习的黄金时期（3～12 岁），是儿童语言文字学习的最佳时期，也是儿童文化素养、高尚人格形成的关键时期。在关键期让学生记忆什么，是我们面临的一个重要问题。学校认为应该让学生背一些可以受益一生的东西，因为现在"死背"多了，将来才能"活用"。

学校现有教职工 204 名，教师学历结构、专业结构、职称结构、教龄结构比较合理。现有中学高级教师 4 名，小学高级教师 117 名，小学一级教师

71 名，其中北京市骨干教师 3 名，区级学科带头人 32 名，区级骨干教师 25 名，整个教师群体爱岗敬业，教学经验丰富，责任心强，并且有一批对祖国传统文化有着极大兴趣，文学底蕴丰厚的教师。学校领导班子由老、中、青三代结合而成，且中青年干部占主导地位，年龄、职称、学历及专业结构、专业素养趋于合理，干部队伍有活力、有精力、有能力，呈现出积极向上的态势。

学校教学秩序良好，学生群体学习成绩优秀。学生和家长高度认可学校的办学理念和办学效果，社会声誉连年攀升。我校于 2006 年 10 月组建了由领导、专家、教师、家长和社会人士组成的校本课程编委会，确立了"以传统文化为载体，以弘扬传统文化，传承国学经典为发展方向"的奋斗目标。

2. 学校发展面临的基本问题

（1）世界发展的全球化和多极化使人们对教育的需求趋于多元化，大一统、简单的教育体系难以满足学生整体的全面和个性发展需求。特别是对于教育促进社会发展作用的认识还不够，对于根植传统文化、着眼终身教育、建设现代化学校内涵的理解还需要进一步深化。

（2）现有教育基础设施和硬件设备，主要是基础设施方面不完备，成为学校发展的瓶颈，现代化、数字化程度有待进一步加强。

（3）学校的优势课程、校本课程（国学启蒙）已具备一定规模，但校本课程开发体系还有待进一步完善，把国学的观点渗透到学校教育教学管理的各方面有待进一步提高。

（4）在学校人力资源和家庭、社会综合资源开发与整合方面，还没有形成系统和规模，需要加强研究和实践。

（二）战略分析

全面落实大兴区《关于开展基础教育课程教材改革实验的实施方案》精神，全面实施素质教育，在全体师生中，创设内容与形式、内涵与外显和谐统一的整体育人氛围。使学生通过诵读国学经典校本课程积累丰厚的文化底蕴，传承中华优秀文化，弘扬民族精神，形成健全人格，学会做人，为终身发展奠基。同时形成学校均衡发展、内涵发展、持续发展的良好态势。

二、路径选择

任何一所学校办学理念的重要性远超过师资、生源、组织结构等要素。

办学理念是学校文化的灵魂和核心，它能把学校的办学宗旨、办学目标、办学原则、行为规范等整合成一个有机整体。

办学理念体现的是学校文化发展的脉络。通过挖掘文化本质，利用文化载体，使优秀的文化保留下来，并在此基础上得到一定程度的发扬。中华民族经历五千年的文明积累，形成了光辉灿烂的传统文化，作为教育者，对于优秀的文化就要传承。为此，我们要以历史眼光和当代视野重新审视中国传统文化，精心撷选国学精华，突出思想、文化和文学价值的融合，注入时代精神，发掘中华传统文化的现代价值和普遍意义。这就形成了我校办学理念的第一句话"以传统文化为载体"。

我国古典诗文博大精深，灿若繁星，千百年来，滋养着每一代中国人。为此，学校选择了将传统文化中的国学作为校本课程开发的突破口，通过诵读我国传统文化的精髓，让学生走进古诗文、诵读古诗文，为学生打下良好的经典文化基础，从古人的身上受到传统道德教育，并把传统文化内化为学生的思想内涵，升华为做人的行为宗旨，使学生获得多方面的知识，提升学生的人文素养。

三、建设要点

我们认为，在进行学校的特色建设过程中应该把弘扬传统文化、传承国学经典作为学校特色发展的出发点和落脚点。

（一）要点目标

2020 年是大兴二小建校 50 周年，50 周年预示着大兴二小将要站在一个新的历史起点上，重新审视、规划二小未来的发展。在听取了项目组成员的调研反馈意见之后，结合学校目前的发展现状，进行了深入的研究分析，将办学方向定位为走内涵发展的道路，把"弘扬传统文化，传承国学经典"作为学校特色发展的方向。

在三年的时间里，学校将通过整体国学氛围的营造、不断完善《国学启蒙》校本教材、开设国学校本课程、打造国学团队，以及各种国学社团活动等，把国学教育渗透到教学与德育的各方面，使师生更加热爱祖国五千年的光辉历史和传统文化，积淀师生的文学素养，促进学生良好行为习惯的养成。真正让国学经典走进每个学生的心中，走进每个学生的家庭，走进学校的各项教学活动和育人过程之中。通过传承国学精华，培育笃学厚德的人才，形成鲜明的"弘扬传统文化，传承国学经典"的学校特色。主要达到三个目标：

（1）学生国学素养普遍提高。通过对国学经典的学习，让全体学生接触、了解国学知识，完整背诵《三字经》《弟子规》《声律启蒙》等规定篇目。校本课程的授课内容中，除了要求学生诵读一定量的古诗文，还有传统道德实践的内容。课堂外，还要带领学生走出学校，走向社会，让学生在生活中发现美、创造美、践行美，充分体现读书与做人并重的教育理念。

（2）锻炼一支业务过硬的国学教师团队，培养10～15名优秀的国学教师，每年参加不少于5次的市、区级国学交流活动。

（3）营造国学氛围浓郁的校园氛围，形成独具特色的校园文化。

（二）年度目标设计及具体措施

1. 年度目标设计

大兴二小国学校本课程自2006年设施至今，已经具有了一定的规模，在原有的基础上，我们结合学校的实际情况确定了未来三年的发展目标：

第一，实验启动阶段（2009年9月—2010年1月）。结合我校实际情况，分析校本课程实施的各年级梯度安排，学校整体文化氛围营造构想，学生国学社团组建及招生，形成初步的研究氛围。

第二，实验推进阶段（2010年1月—2012年10月）。

初期（2010年1月—2010年6月）：由刘引玉副校长、郭宏伟主任负责组建国学研修团队，确定15名优秀的国学教师，定期开展活动。国学教材到位，组织全体语文教师进行培训，班级文化特色初步形成。

中期（2010年6月—2011年1月）：国学校本教材在全校推广使用，严格按照实施方案进行，开展国学团队的展示课校内交流，广泛提高学校国学教师的教学水平，积极对班级文化、楼道文化、校园文化进行打造，开展师生国学社团展示活动，形成浓郁的国学氛围。

后期（2011年1月—2012年10月）：对中期工作进行总结评估，不断提高改进，使学生完成规定国学课程的学习。国学团队积极开展在市区及全国范围内的交流展示活动，扩大我校国学特色在全市的影响，形成学校优质特色。

2. 具体措施

（1）保障措施。成立国学课程领导小组；学校每学期拿出专门的经费，从事课程的研发和教师的培训以及每学期的各类国学评优活动；开设六个以上的传统文化国学师生社团，学校出资聘请专业教师进行培训，开展丰富多彩的社团活动，为师生搭建更多的展示平台；为教师搭建更多的国学展示、交流平台，每年区内的展示交流活动不少于 10 次，市级以上交流不少于 5 次，让优秀的国学教师，参加全市乃至全国的优秀课例展示；每学期，领导走进国学课堂听课、评课不少于 30 次，并由校长负责进行量化考评；完善教学评价机制，指导学生自评，形成教师、学生、家长共同参与的活动，评价内容不仅评价课内所学，还要评价课外的阅读，学生国学资料包的积累，循序渐进，注重平时的、过程的评价；开展评比表彰，建立激励机制，每学期对年级、班级、教师、学生进行评价表彰，开展"书香班级、优秀年级、读书好少年、书香教师"评选活动，激励师生畅游在传统文化的海洋中；重建校园文化，努力营造一个书声琅琅、墨香袭人的传统文化氛围。

（2）国学校本课程实施的重点内容。

第一，课程内容设置。根据学生的年龄层次确定不同梯度的诵读内容：一年级《弟子规》，二年级《三字经》，三年级《论语》，四年级《孟子》，五年级《声律启蒙》，六年级《古诗词赏析》。各年级均以诵读为主，并在诵读的基础上，达到联系生活实际的理解、感悟，同时视学生的实际情况进行适当的德育渗透，对能力强的学生，引导阅读原文，创作古诗、对联、诗画等深层次的实践活动。

第二，人员安排：全体语文教师。

第三，时间安排：每周二下午第二节课。

第四，日常诵读时间安排：把每周二的早自习确定为学生诵读国学经典的时间；每天早晨的广播时间安排"小故事，大道理"跟我诵读节目；下午学生来校到上课时间是"经典放送"内容；每天校门口的电子屏都会展示国学经典片段，让学生在走进校门的同时，边走边读；每天家庭作业中安排 10 分钟的诵读时间，并读给父母听，或与父母一起读。

第五，教学建议：针对学生正处于记忆的黄金时期的特点，给学生诵读识记的内容。"读书百遍，其义自现""好读书者，不求甚解"。要形成家校合力，进一步巩固诵读成果，强化德育渗透。充分占领教室文化阵地，营造国学氛围，并积极开展各种评比活动。

（3）锻炼出一支有深厚文学功底，热爱传统文化的国学教师队伍。

第一，成立课题组，以团队促进个人发展。学校成立了校本课程专项课题小组，由王丽云任国学顾问，刘引玉、郭宏伟任组长，监督、指导校本课程的实施工作，监控实施效果。具体工作包括：每月一次的共上一节课活动，定期召开的课题组课题开题会，中期成果展示交流活动，学期末开展活动总结和评价表彰会。不断推出公开课，随着教学的推进，及时地展示教学阶段性成果。

第二，多种形式的研讨交流活动，促进校本课程的实施。专家培训模式：定期聘请专家来学校为教师举办讲座，培训、指导教师，并对国学课堂进行跟踪评课。实践性模式：学校开展教师读书活动，成立教师读书沙龙，通过读书体会交流、读书报告会、读书演讲会等形式，大力提倡教师诵读经典。定期活动模式：三年中，学校每学期至少组织两次国学教师外出交流研讨活动，接触名家，感受国学的魅力。确定每周二下午第二节课为本校校本课程开放日，家长和教师一起走进课堂，与学生互动，使校本课上得有情有趣、有声有色。

第三，创新授课形式，打造精彩课堂。在校本课程实施的过程中，要改变教师讲、学生听的单一授课模式，尝试让学生走上讲台，转换角色，成为信息的传递者，知识的讲授者，情感的抒发者，见解的表述者。尝试着请家长、社会人士走进课堂，成为重要的课堂教学资源，使校本课堂充满活力。努力实现师生、家长的共同成长、共同提高，使学校真正成为当地文化的传播中心。

（4）活动文化彰显传统特色，达到蒙童养正的目的。在"国学启蒙"校本课教学中，除了要求学生诵读、积累一定量的古诗文外，还要挖掘传统道德的实践内容，让学生通过学习古人箴言，读古人美德故事，以先人良好的德行为镜，树立良好的世界观和价值观。学校要为学生提供更多的实践场，让学生从小接受社会教育，与社会相融合，用学生的语言与行为，向家庭和社会传播先进文化，让学生在实践中发现美、创造美、践行美，充分体现读书与做人并重的教育理念。

第一，社团推进。结合学校开展的传统文化教育，学校在全校范围内开设多个教师、学生的传统文化类社团：剪纸社团、书画社团、葫芦丝社团、评剧社团、朗诵社团、舞蹈社团、太极扇社团等。丰富多彩的形式和内容，给师生提供了广阔的实践和表现的舞台，师生在传统文化的海洋中浸润成长。

第二，一分钟校门课程。学校利用大门口的电子滚动显示屏开设"一分钟校门课程"，在学生每天早晨和中午到校时间滚动显示古诗文、箴言、《三字经》《弟子规》等内容，让学生和家长在进出校门的一分钟里受到润物细无声的文化熏陶。

第三，黑板课程。每天在黑板的一角或班级专栏内展示一小段名篇佳作，使学生时时刻刻处于传统文化丰厚的土壤之中。

第四，广播课程。学校开通"道德小故事，人生大道理"配乐专题广播，利用每天早读前 10 分钟的时间，播放传统道德小故事，用喜闻乐见的方式对学生进行道德教育。

第五，校园读书月。学校把每年的 6 月定为"校园读书月"。在平时读书的基础上引导学生在读书月期间开展更丰富多彩的读书活动。读书月期间，安排系列读书活动，把经典诗文诵读列为活动重点。在以往诵读《三字经》《弟子规》等篇目的基础上，增设《百家姓》《千字文》《增广贤文》，毛泽东的《沁园春·雪》、苏轼的《水调歌头·明月几时有》、梁启超的《少年中国说》等经典篇目，增加学生的阅读量，增加低年级的识字量。

（5）打造传统韵味的书香校园，烘托学校文化。校园文化是一种氛围，是一种环境，是一种潜移默化的熏陶感染。学校要努力为学生营造充满传统文化韵味的书香校园，在校园环境布置上努力营造古朴典雅的校园氛围。在整体校园文化的大背景下，各班的班级文化建设本着既美观又实用，既有知识性又有趣味性，既有实践性又有发展性的原则进行设计，充分利用班内墙壁，用传统文化滋养学生的心灵，营造润物细无声的育人氛围。

面对新的征程，我们将坚定不移地走内涵发展之路，为每位教师和每个学生的终身发展搭建平台，把大兴二小发展成北京市乃至全国的特色优质小学。

摘自《大兴区小学学校特色规划集萃》2020 年

传承文化　悦享书香

　　传承中华神韵，阅读国学经典。英国哲学家培根说过：读书足以怡情，足以傅彩，足以长才。我们羡慕饱读诗书的大家，渴望成为腹有诗书气自华的未来栋梁，需要每位学生从小培养读书的兴趣和习惯。怎样指导学生阅读，让学生在非常时期，宅家也能读书？

　　我有三个建议：第一，以书为食粮；第二，亲子共读书；第三，不限制形式。

　　首先，以书为食粮，刚开始培养读书兴趣时，让学生读自己喜欢的书。很多家长和教师怕孩子不能自控，给孩子列出书单，让孩子按照我们的方式和内容去选择，其实这个时候学生已经对读书失去了一半的兴趣。关于选书，家长可以让孩子挑选自己喜欢的书籍，就像让他挑选自己喜欢的玩具一样，把主动权交给孩子。现在各种正规书店出售的都是健康的书籍，家长不必担心，喜欢就是兴趣的开始。有了兴趣，家长再逐步引导孩子读书的类型和阅读与语文教材相对应的必读书目。

　　其次，亲子共读书。家庭环境的人文性和家长的榜样示范作用是指导孩子读书的前提。亲子共读书指两个方面：一方面是家长要成为喜欢读书的家长。如果您和孩子共同在家，或者读书看报，或者您做其他工作，给孩子一种信号，父母正在做事，用父母专注于工作的力量带动孩子也要专注于读书；另一方面是指家长要每天抽出时间与孩子共同读书，或者探讨读书的故事、读书的收获，或者听孩子讲述读书的体会等。在亲子氛围中，孩子读书的行为得到了认可，心情愉悦，久而久之，就养成了读书的习惯。习惯是一种顽强而巨大的力量，可以主宰人的一生，形成人的第二天性。当孩子与书为伴时，就像是在与智慧的人交流思想。

　　最后，读书的时间、空间和姿势不应受到限制。想让孩子喜欢读书，切忌使用"孩子，现在是读书时间了，你必须放下其他事情"的口气和方式要求孩子。读书是写作业后的休息，读书是阳光下的斑斓色彩，读书是心情不悦时的排解，读书是学习的另一种方式，读书是生活的调味品。孩子喜欢趴着读，蜷缩在沙发上读，或者背靠着家长腻着读都可以。时间长了，可以提醒一下孩子，让他注意保护视力和体型骨骼的发育。兴趣和习惯都养成了，你不让他读书好像成了对他的惩罚，这时的家长心中应该窃喜。古语云：捧一帧书册，看史事五千，品一壶清茗，行通途八百，无须走马塞上，便可看楚汉交兵。无须程门立雪，便可听师长之谆谆教诲。愿家家都有慈亲长，生生都是好少年。

摘自《现代教育报》2020 年

教育戏剧在小学语文教学中的有效运用

　　传统的语文课堂教学易单调、乏味，活动设计上缺乏针对性和个性化，学生参与面小，难以得到充足的表达、参与的机会，从而体验不到参与的愉悦和成功的体验，因此导致学习兴趣不浓。如何克服现实的不利因素，跟上新课程改革的步伐，有效地针对小学生的个性，发挥他们的潜能；如何让课堂更有活力，让学生更加喜欢学习，成为摆在广大教育者面前急需解决的问题。为此，我尝试将教育戏剧引进课堂是一种体验式教学。教师通过戏剧的教育手段与教育元素促使学生喜欢学习，善于学习，享受学习。从而提高课堂实效性，培养学生自我学习，学会主动思考以及沟通表达、人际交往、社会责任感等方面的素质和能力。

一、巧用教育戏剧元素触动口语交际之"弦"

　　李吉林说过："言语的发源地是具体的情境，在一定的情境中产生语言的动机，提供语言的材料，从而促使语言的发展。"创设情境，在情境中体验、学习正是教育戏剧的内涵吗？在教学中，教师要熟悉教材，合理使用教材，运用多样化的戏剧元素构建戏剧情境，使学生在身临其境的环境中感受语言，学习语言。另外创设多样的口语交际情境，课堂才会生动有趣，学生才能敢讲会讲。尤其是低年级学生年龄小、注意力易分散、形象思维占主要优势，所以更要注重创设多种多样的情境，引起学生口语交际的欲望，激发他们口语交际的热情，让学生在轻松愉快的氛围中进行口语交际。

（一）借助插图想象"说"

覃炎梅说，"图画是鼓励学生说话的一种强有力的兴奋剂"。小学低年级教材中每篇课文都配有大量色彩鲜艳、形象生动的图画，这些图画常能唤起学生观察、联想和说话的兴趣。如讲授《落叶》一课时，指导学生观察：落叶分别落在什么地方，谁，把它当作什么？还会有谁，把它当作什么？学生打开思维的闸门，张开想象的翅膀，说出落叶可能落在小草的身上，小草把它当作棉被等，学生怎么想就怎么说，从而激发他们的想象和思维能力，有效地进行口语交际训练。

（二）借助课文表演"说"

表演是学生非常喜爱的语文活动，虽然费时较多，但收效是多方面的。学生对内容有趣、情节生动的课文尤为感兴趣，教师应抓住学生的心理特点，利用课文，让学生充当不同角色的人物，置身其中演一演，学生会感到其乐无穷。在指导学生正确、流利、有感情地朗读课文后，教师把分角色的朗读和表演分给学生，以小组为单位，小组长为主持人和策划者，带领小组成员分角色朗读课文，并商量故事中的每个角色是怎么说的？怎么做的？心里是怎样想的？共同讨论用什么样的动作和表情表演最合适，最后小组每人担任一个角色，进行表演，互相评议、取长补短。在讨论过程中，学生充分表达了自己的所感所想，体验到了说话的成功与喜悦。如讲授《小壁虎借尾巴》一课时，在熟读课文的基础上，让学生做好头饰，四人一组进行表演。学生表演得很投入，把小壁虎借尾巴的情景惟妙惟肖地表演出来。通过表演，学生不但复习了课文内容，更重要的是组织演出的过程，也是进行交际、合作的过程。

（三）续编课文填补"空白"

在语文教材中，有许多篇课文可以安排让学生进行续写、仿写，给学生创造说话训练的机会。

二、运用教育戏剧体验阅读之趣

小学生生性活跃，对自己感兴趣的事物表现出极大的热情，并以认真的态度学习、读书，因此要先使学生对阅读有浓厚的兴趣。而戏剧表演则能够使儿童积极地参与文本所描述的情境中，将自己置于观察感知内容、享受表演的位置。

(一) 配乐吟诵感悟诗境

诗词是富有音乐性的语言艺术，古典诗词尤其注重节奏和韵律，配乐诵读诗词有助于学生欣赏它的优美意境，领会作者的思想感情。有道是"书读百遍，其义自见"，"熟读唐诗三百首，不会作诗也会吟"。只有充分让学生对诗歌进行感受，充分读，才能在读中感悟，在读中理解，在读中体味诗歌的审美内涵。音乐能给人以美的享受，给人创造想象的空间。因此，让学生离开书本，在音乐中，在自我感觉中受到情感的熏陶和感染，逐步加深理解和体验，使学生与诗人产生共鸣，达到潜移默化的目的。例如，学习完杜甫的《绝句》"迟日江山丽，春风花草香。泥融飞燕子，沙暖睡鸳鸯"，让学生配乐吟诵，使他们在吟诵中仿佛真的看到了春天美丽如画的景象，闻到了花草的清香，令他们有一种身临其境的感觉，这真是春不醉人人自醉呀！

(二) 读中感知加深理解

阅读教学中开展相关的活动，学生不仅能建构知识、提高语言能力，而且通过感知、体验、实践、参与和合作等活动方式，调控情感态度和学习策略，形成积极的学习态度。

如学习《游八达岭长城》《美丽的北海公园》等课文时，将去过此景点的学生的照片在全班进行传阅，并让他们向其他同学讲一讲去那里时的所见所闻，这样不仅拉近了没去过的学生与景点的距离，从而激发他们学习课文的兴趣。学生在这个活动中会经历"观、说、感"三个过程，培养语文表达能力，更重要的是当学生在用自己喜欢的方式表达时，更能激发学习的积极性和主动性。

三、运用教育戏剧打开创作之门

(一) 展开想象创作绘本

绘本是学生爱不释手的一种读物，不仅图画精美，而且具有文学性、生活性、教育性、情趣性。绘本课上我引导学生阅读时，根据绘本的整体意境对故事情节展开丰富的联想并尽情地创作。学生读的绘本多了，画面和语言的积累厚实了，思想和情感也活跃丰富了，于是，创编绘本就水到渠成了。

例如：讲授《小猪唏哩呼噜》时，当读到小猪唏哩呼噜被大狼叼走后会发生什么故事时，学生思维的闸门一下被打开了，在充分交流后，开始尽情创作：有的写被它的小鸟朋友救了；有的写爸爸妈妈报警后，被警察解救了；也有的写小猪唏哩呼噜自救；等等。

又如：学习了《三十六个字》绘本故事后，学生主动搜集更多的象形字，并且运用这些象形文字创作绘本故事。其中孙雅丽同学的《寻水记》备受大家的喜欢。

学生通过阅读绘本，创作绘本故事，不仅让他们更加喜欢阅读绘本，而且碰撞出思维的火花以及创作的欲望及乐趣。

（二）快乐体验抒发真情实感

叶圣陶说，"生活就如泉源，文章就如溪水，泉源丰盈而不枯竭，溪水自然活泼泼地流个不歇。"课外活动使学生"泉源丰盈"。如：大家一起吹泡泡，做贴鼻子的游戏，一起种植体验。同时，结合传统节日开展有意义的活动。在中秋节来临之际，我和家长一起带着学生做月饼，端午节一起包粽子。活动中，学生体验着、幸福着、快乐着。我抓住时机，因势利导，让学生写写你是怎么玩的？怎样做的？心里是怎样想的？同学的表现如何等。学生再也不发愁写作文了，我也不会因为学生的作文枯燥乏味而苦恼了。学生的活动丰富了，写作的"泉源"也就有了。

总之，教育戏剧在语文教学中的有效运用不仅提高了学生学习语文的实效性及能力，也让他们在学习的过程中学会与别人相处、沟通、共同生活，以此提高了学生的综合能力。

摘自《教育让未来更精彩》2021 年

大家不同　大家都好

家长、教师都要遵循教育规律，真正走进学生的内心。

聚焦课堂减负提质和"双减"政策下的五项管理以及课后服务供给，使我想起了著名教育家陶西平的一句话："大家不同，大家都好。"这是陶西平引用一首短诗中的一句结语，首先传递了多元世界里多元教育应各具光彩，其次展现了人类对于教育的美好期许。

聚焦到学校的教育工作和家教方法，我们做的事情，既要有明确的方向性、目标性，又要依据学生的年龄特点、个体差异、发展需要和社会需要具有针对性和科学性。学校和家庭要始终坚守教育的根本规律，坚守教育的理想信念。我们要坚持抓好育人细节，坚持把简单的事重复做，做实做好做精。

一、教师育人要做到真

在这次教育的深刻反思变革中，应该并且最终达到这个目标：每个学校、每个班级、每个学生、每个家庭，大家不同，大家都好。

在学校的工作理念指导下，教师的课堂质量和作业设计可谓是百花齐放。学校提出了"内涵是真本领 思行下真功夫"的工作思路。

"内涵"包含太多教育智慧，每位教师都有丰富而多元的教育内涵。每位教师的成长环境、工作环境乃至自身的性格、学习态度都是教育内涵积淀的因素。拥有丰富的教育内涵，就有思行的能力和敬业精神。思与行是密不可分的，思代表对事物的认识以及内心的认可，并且能够从哲学角度转化各种生成的学习资源；行是研究、合作、落实、敬业爱生、评价反馈的最终外在表现形式和内容方法。

二、家长教子要做到严

当今时代，家长对孩子无所不爱、无所不管、无所不依。随着物质水平的提高，家长更注重孩子的身体健康，更注重孩子快乐指数的提升。不可否定，学生的学习过程是需要兴趣与快乐的输入，学习是精神创造的过程，是目标指引下个体自觉行动的过程，谁也不能用外力强迫人的学习过程。如果可以强迫，那就是不合理的负担。但是，学习又是一件辛苦的事情，怎样解决主动学习与被动学习之间的矛盾？怎样引导学生正确玩、适时玩？家长要研究，了解孩子的成长需求和学习规律。应该说，每位家长都知道哪些是对的，哪些是应该坚持的，只是在生活中有时候缺乏原则。其实，孩子刚开始学习时都有一种好奇心，家长与教师形成合力非常必要。还有孩子无拘无束时，家长是严格要求还是放任，也是孩子成为什么样的人的关键。用心理学理论就是爱孩子就要舍得让他吃苦，做到爱而有度。

现在的教育模式是开放的、多层次和多空间的，家长、教师都要遵循教育规律，真正走进学生内心，成为孩子未来谋划的好导师。

摘自《现代教育报》2020 年

让"双减"惠及学生和家长

　　"双减"落地已过百天,在校园里,"双减"带来了哪些影响?师生、家长有了哪些变化?北京教育融媒体中心日前发起"双特谈双减"融媒体专题宣传活动,充分发挥特级校长、特级教师的专业性、权威性、影响力,在各宣传平台交流认识、分享经验、展示成果、解疑释惑。今天,"双特谈双减"继续!我们一起跟着三位特级校长、教师,看看他们的"双减"经验和思考吧!

　　聚焦课堂减负提质和科学合理地设计作业,我想起了著名教育家陶西平的一句话:"大家不同,大家都好。"这是陶西平引用一首短诗中的一句结语,首先传递了多元世界里多元教育应各具光彩,其次展现了人类对于教育的美好期许。

　　聚焦到学校的教育工作,学校做的事情,既要有明确的方向性、目标性,也要依据学生的年龄特点、个体差异、发展需要和社会需要具备针对性和科学性。学校从事的是基础教育,是幸福人生的奠基工程。基础指什么?是根基,是孩子全面发展的根本需求,涵盖习惯的基础、知识的基础、技能的基础、情感的基础、交往的基础、生活能力的基础等方面。教育是等待的艺术,是春风化雨、润物无声的过程。落实到学校的各项工作中,就是要依据小学的阶段特征,从细节入手,重视情感内化和习惯养成,立足课堂,立德树人,加强国家课程的校本化实施,并把各项育人活动课程化、体系化,真正发挥课程的成长载体作用和课堂育人核心价值。

　　大道至简,大爱无疆。学校要始终坚守教育的根本规律,坚守教育的理想信念;要坚持抓好育人细节,坚持把简单的事重复做,做实做好做精。

一、思在内心重激发

在这次教育的深刻反思变革中，学校应该并且最终达到这个目标：每个学校、每个班级、每个学生，大家不同，大家都好。

我每周都进课堂听课，发现在学校的工作理念指导下，每位教师的课堂质量和作业设计真可谓是异彩纷呈，各显神通。在层次、方法各异的工作成果中，我们感觉到教师的工作成效与每位教师的内涵积淀、对工作的研究深度以及落实到行动中是否细致认真息息相关。因此，我们提出了"内涵是真本领　思行下真功夫"的工作理念，并且把这种理念贯穿于学校工作、年级组、教研组和每位教师的教育教学活动中。

二、行在实处破难点

如果教师都能成为有灵魂的人，教师在课堂上就会是自由的。语文统编教材中每个单元都是围绕特定的人文主题和语文要素编排的，课文之间具有关联性，先后顺序在目标落实上具有层次性，因而以单元整体为出发点，系统设计符合学生年龄特点和学习规律，体现素质教育导向的课堂模式是教研的重点。

以五年级《语文》上册第四单元为例，这一单元的人文主题是"爱国情怀"，单元导语就把我们带入了浓烈的爱国思绪中。单元中课文、古诗等题材的构成以及单元作业、习作的安排，年级教研组教师可以进行集体研讨、拓展思路方法。但是，具体到每个班以及班中不同层次的学生，教师可以个性化设计安排授课内容、方法、教学形式以及作业形式、数量、质量。世界是多元的，每个人都是独立的个体，教师是，学生也是。每个独立个体都在体验着各自的爱国情怀，能产生共鸣是最佳效果，不能产生共鸣也是正常现象。不苛求，不整齐划一，为教育生态留一抹多彩的阳光。

基础性作业和分层个性化作业相结合，这样着眼于单元整体、围绕语文要素展开的高质量作业可以充分发挥诊断、巩固、学情分析等功能。本单元语文要素是"结合资料，体会文章表达的思想感情"，习作话题是"二十年后的家乡"，表达训练要素是"学习列提纲，分段叙述"。本单元的作业指向学习目标，强调学生的活动与体验。以单元为实施单位统筹规划，学习活动作业设计包括：①大胆想象，借助思维导图列出 20 年后家乡发生的变化；②把想象到的场景梳理一下，列出习作提纲。五上第四单元阐述的单元整体作业设计，从基础性作业和个性化作业两个角度展开，单元学习后的成果包括手抄报和学生书法作品集。作业是课堂教学的延伸与拓展，在指向核心素养的时代背景下，作业设计切忌目标不明、形式呆板，要做到紧扣语文要素，科学设计单元作业，切实减轻学生负担，实现"减负"与"提质"的双赢。

摘自《现代教育报》2021 年

建立立体化的家庭教育观

"双减"之后，每天走在校园的各个角落，每天走在学生的中间，每天走在教师教研争论的办公室里，每天走在不断生成的课堂中……让我的思考更深刻了。

"双减"让家庭关系更和谐了，让教研活动更立体了，"双减"让学生回到了教育的本真。在"双减"的背景之下，在家庭教育立法正式执行的背景之下，家庭教育越来越被重视，家庭的功能越来越被强调了。我特别希望家长们都能建立立体化的家庭教育观。

首先，家庭教育观中要包含人生观、价值观和社会观。一个孩子原生家庭中父母的三观一定会影响孩子未来的发展。比如，新闻中有这种事件：某校两个学生在学校发生了一点小矛盾，有一些小的肢体碰撞，结果双方家长不是坐下来和孩子的班主任一起解决问题，而是选择在校门口对骂，严重到报警，导致两个孩子的矛盾上升到双方家长的违法问题。可见，如果家长的三观正确，学生的问题就会轻易解决，并且可能成为更好的朋友。反之，则影响到孩子的成长和未来的社会交往。

其次，家庭成员对孩子教育的一致性会教育出一个有良好习惯、有学识素养的孩子。如今，因为很多父母工作忙碌，孩子经常由祖辈看护，容易出现教育方式的代沟。孩子要形成良好的习惯，需要父母和祖辈达成家庭教育方式的共识，让孩子明白，不管在父母面前还是祖辈面前，有一些规矩是不能破坏的。

最后，家庭教育中环境的隐性化和显性化内容更要关注。在初为父母时，心中就要做好准备，生活中要有行为准则，环境设置要体现高品位。家庭中要有一个小书房或者是一个文化角落，最好在这个空间内有一个小书架，要有一些适宜孩子和家人阅读的图书，让孩子从小耳濡目染。不管父母从事什么职业，一定要做孩子的榜样，读书的好习惯、亲人之间沟通的和谐以及孩子学习时家庭中安静的氛围等，对孩子成长十分重要。家庭教育环境中既要有显性的精心布置，也要有隐性的潜移默化的熏陶和影响。从细微处着手，注重家教和家风建设。

家庭育人，从小处讲，是家庭的责任，培养一个懂事、有出息的好孩子；往大处看，是对国家、对人类的巨大贡献，培养一个有责任心、有大局观的栋梁之材。因为家庭是社会的细胞，家庭文明更是社会文明的缩影，现代文明一直在发展，家庭教育观也必须发展。建立立体化的家庭育人体系不仅是家庭的责任，更需要学校、社会协同完成，真正实现"教育一个孩子，带动一个家庭，文明整个社会"的目的。

摘自《现代教育报》2021 年

文学与教育

孩子们是没有发芽的魔法种子，蕴含着未知的奇迹。

一颗种子是成长为花朵，还是成长为大树，离不开教师的魔法——情。秉承情润教育的文化理念，涵养真情，润泽生命。情是润物无声的细雨，

情是吐丝无尽的奉献，情是培土育苗的养分，情是扶人向上的清风，情是困难之中的双手，情是攻克难关的坚毅。情，是一种活力；情，是一种动力；情，是一种忘我投入和前行的兴致；情，是挚爱教育的胸怀，是育人无价的升华。

教育本身应该是灵动的，单纯地对学生说教不会有好效果。教育有了情，才有尊重和理解；教育有了情，才有信任和包容；教育有了情，才有关爱和欣赏。用心感悟每一颗种子，用情温暖每一颗种子，多给他们一份爱心、一声赞美、一个微笑，不伤害每一颗种子发芽的勇气，让每颗种子都有发芽的机会，都有实现自己价值的期待。

文学的基础是情。以文抒情，以文喻美，以文传续。不管是诗经楚辞还是唐诗宋词元曲，抑或现代的革命文学，情到深处不能自已，情绵辗转魅力四射，情绪激昂青春热血。教育的目的就是充分肯定并尊重人的生命价值，珍惜、爱护自己的生命及他人的生命，敬畏、尊重、欣赏、充实和发展生命，充分认识生命的价值及其意义。倡导师生正确认识自己，尊重他人，合作包容，共建和谐，让每个人感受自己的重要性，从而实现自我价值，获得幸福感，是学校发展、社会发展不可或缺的一部分。

一个人为人处世，总要受到一定价值观的影响和支配，如同人生的指南针，不可或缺。倡导师生对自己负责，加强自我修养，努力充实自己，树立正确、积极向上的价值观，杜绝低俗文化的侵蚀，以培养师生正确的价值追

求，快乐、自信的生活态度，树立积极乐观的人生信念。

中华民族传统文化历史悠久，是人类历史上少有的没有中断的文化，其孕育的价值传统也延续下来，引导着中华儿女的行为，塑造着中华民族的理想生活。学校注重民族优秀传统情润教育，传承中华民族优秀传统文化，研发出版《情润教育校本教材之节日文化》《经典诵读》等，让学生在传统文化的传承中实现价值。

当学生拥有了文学的底蕴，即生命的认知和体验，并且能够热爱文学和文学创作，那么未来的文学巨匠就要诞生了！

摘自《文学少年》杂志 2022 年

第二篇

工作随笔

育人无价　以情加值

学校文化是学校教师和员工在特定价值观的引导下，使用各种符号系统建构的生活方式和工作方式，是学校形成和发展过程中物质文化和精神文化的综合，是学校教育的重要组成部分，充分展现了校长的教育理念、办学特色，是学生健康成长的重要保障，是全面育人不可或缺的重要环节。

北京市大兴区第二小学（下称"大兴二小"）深知学校文化在学校发展中的重要引领作用，在上级领导的支持下，在专家的指导和帮助下，注重加强学校文化建设。2015 年 9—12 月，经过进班听课、领导班子访谈、教师访谈等调研后，对大兴二小的学校文化进行了梳理、归纳与提升。

一、学校基本情况

（一）北京市大兴区第二小学简介

大兴二小成立于 1960 年，前身为大兴师范附小，是目前大兴区内师生人数最多、规模最大的一所学校。

学校分为两个校区。三合南里校区（总校）占地面积 9 219.04 平方米，建筑面积 8 310.55 平方米，教职工 103 人，学生 1 393 人。海子角校区（分校）占地面积 11 838 平方米，建筑面积 3 277.2 平方米，教职工 61 人，学生 931 余人。学校历来重视教师发展，目前全校有中学高级教师 26 人，小学高级教师 89 人，市、区、校级骨干教师和学科带头人 60 人，教师队伍整体素质较高。

（二）大兴二小现状分析

1. 优势

（1）大兴二小曾经是大兴近半个世纪以来最有影响力的小学，底蕴丰厚。

（2）大兴二小是目前大兴区规模最大的小学，有着丰富的教师资源、家长资源、社会资源、专家资源等。

（3）大兴二小是大兴区第一批学校文化示范校，具有深厚的文化积淀和社会影响力。

（4）学校有先进、科学的管理理念；组建了新一届管理过硬、业务精湛的年轻化领导班子。

（5）教师团队老、中、青相结合，教师整体素养较高，市、区级骨干教师、学科带头人不断涌现。

（6）学生素质高，家长对优质教育有强烈的渴求，利于家校教育合力的形成，促进了学校各方面工作的顺利开展，为学校的发展创造了新的机会。

（7）注重特色德育工作，注重学生良好品质的培养，注重学生的健康成长。

2. 不足

（1）虽然学校有一定的办学特色和办学思路，但对细节关注不够，文化内涵深度挖掘不够，文化体系有待进一步完善。

（2）师生对学校文化建设的认识不够清晰，思想不够统一，需要进一步加深认识，激发其参与积极性和创造潜能。

（3）在新的课程改革背景下，学校的课堂及各种活动应该增强对学生的吸引力，提高学生的参与率和普及率，增强学生的实际获得，为学生搭建更为广阔的舞台，让他们获得成功体验，实现自我价值。

（4）师德、师能建设需要进一步加强，教师的人文素养需要进一步提升。

（5）校园空间狭小，绿化美化缺乏整体设计，物质文化的浸透感染功能薄弱。

（6）班级文化建设需要进一步加强，并充分发挥育人功能。

二、学校文化建设立足点

（一）立足于国家对文化建设和教育发展的要求

文化建设以学校的价值追求为基点，充分考虑文化建设中各因素的互动关系及表达方式，强调文化建设的整体性。只有系统地运用好学校文化各项元素，将内隐层面和外显层面的因素加以整合，才能真正促进学校文化品位的提升和战略目标的达成，才能对教育的深层次发展产生影响。

党和国家的教育方针始终把培养具有良好价值品质，具有正确价值观念，德智体全面发展的人，作为教育目的的核心内容加以规范和要求。中小学校开展情润教育是全面贯彻党和国家教育方针，全面实施素质教育，培养社会主义合格公民的根本要求。大兴二小充分认识到情润教育对国家发展育人的重要性，结合学校文化建设，顺应国家教育发展趋势，培养学生优秀的价值品质，为学生的成长奠基。

（二）立足于大兴二小的办学实践

学校记忆是在历史长河中逐渐累积起来的，历史是不能割断的，学校的文化就是学校的光荣传统。大兴二小曾经举办了 60 年校庆活动，搜集、整理了很多资料，梳理了学校的办学历史。同样，学校文化也是如今学校全体成员共同创造的。大兴二小秉承着继承、创新、发展的思路，分别召开了领导班子、全体教师、家长代表、退休老领导、社区代表会议。在新的历史条件下，新一届的学校领导立足于多年的办学实践，对相关信息进行梳理研究，深入了解学校的办学历史，挖掘学校的精神内涵，对学校的优势、劣势、机遇、挑战做出整体分析，提出学校三年发展规划；对学校的办学理念、办学目标、培养目标、三风一训等精神文化的基本内涵进行准确定位，梳理出学校办学理念。这是一种对历史负责，对学校负责，弘扬学校优秀文化传统和促进学校可持续发展的科学做法。

（三）立足于大兴二小的特色工作

多年来，大兴二小践行"教师幸福工作，学生快乐成长"的观念，为师生营造了充满人文关怀的家园，让每个教师和学生充分地发展、自由地呼吸。以培养具有正确价值观念、丰富价值情感的合格少年为核心，以感恩、合作、责任、诚信、宽容等优良品质为教育主题，以课程、活动为载体，构建以情润教育为特色，领航学校德育工作、课堂教学、传统文化、体育艺术等为一体的学校文化体系。强调"以人为本"思想与科学管理手段的结合，建立以发展人的主体性，提升人的生命价值、人文情怀、创新活力与团队精神的校园文化环境。

基于以上三个立足点，大兴二小提出了情润教育，走出了一条情润教育的内涵发展之路。

三、情润教育的内涵及核心价值观

情润教育不是有关如何增加物品或社会服务"有用性"的教育，而是有关人们如何行为才是"正当的""对的""好的""高尚的"的教育，是有关人们行为正当性原则的教育，因而也是有关培养正直的、真正的、有良好品格的人的教育。因此，大兴二小的"情润教育"是基于人的需求和社会的需求，以课程、活动为载体，帮助学生认识、体验、认同并践行社会正当性原则，培养人良好品格的教育。

大兴二小围绕情润教育的内涵，提出了学校"育人无价　以情加值"的文化核心价值观，突出生命的价值，突出教育中的情怀，倡导尊重人的生命以及独特个性，倡导在体验中发掘人的内在潜能，发挥其创造力。并对学校的精神文化、制度文化、行为文化、物质文化和课程文化进行了阐述和整体构建，走出了一条情润教育的特色之路。

（一）情润教育核心价值观

1. 育人无价

价，从人从贾（gǔ），物直也。无价，无法计算价值，比喻极其珍贵。

教育，是无价的事业。教育的本质是促进人的个性全面发展，教育是使人成为人的过程，是鲜活生命的成长历程。每个人的成长只有一次，不能因为成长中的遗憾而重新来过，教师对一个人的影响是终身的，因而，教师不仅是一种职业，更是一种事业。教师不仅担负着学生的未来和家长的期望，更担负着祖国的未来和民族的复兴。大兴二小开展教育思想研讨会，激发教师的职业荣誉感、自豪感、成就感、责任感、使命感，让教师感受到自我价值与社会价值的统一，在职业荣誉感中品味幸福。

教育家苏霍姆林斯基说过："人是最宝贵的财富。"人的生命是极为广阔而深奥的，是无价的，人是高于一切财富的财富。人的无价表现在四个方面。

（1）生命无价。生命是珍贵的，尊重人的生命价值，要珍惜、爱护自己的生命及他人的生命。大兴二小倡导生命无价，设立安全教育馆，开展安全自护课程，倡导师生尊重生命、珍惜生命。

（2）潜力无价。每个人都是不可估值的瑰宝，都是不可替代的，都有自己独特的内在潜能与独特的个性品质，包括独特的气质、性格、才能、思维方式与生活方式等。大兴二小开展思维训练课，并设立艺术、科技、体育等主题课程，发掘师生的潜力。

（3）体验无价。每个人的生活是不同的，每个人在生活中的收获也是不同的。大兴二小开展"体验社会生活培养综合素质"主题活动，让学生体会不同的人生体验，总结自己的经验收获。

（4）创造力无价。创造力是知识、智力、能力及优良的个性品质等复杂多因素综合优化构成的，是人类最伟大的潜能，这种潜能是人类得以延续生命，享受良好生活的基源，创造力为社会创造的财富是无法估算的。大兴二小开展科技主题教育，培养师生的创造力。

2. 以情加值

情，由竖心和青组成。竖，站立、直立；心，一个物质的中心器官，象征着思维。竖心，即站立的、能承载社会功能的，有能力转动和一定容量的思维。虽然人是无价的，然而在成长的过程中，自身的知识、技能的积淀却是不断充盈的，人的个人价值、社会价值等是不断提高的。学生是没有发芽的魔法种子，蕴含着未知的奇迹，一颗种子是成长为花朵，还是成长为大树，离不开教师的魔法——情。

情是润物无声的细雨；

情是吐丝无尽的奉献；

情是培土育苗的养分；

情是扶人向上的清风；

情是困难之中的双手；

情是攻克难关的坚毅；

情，是一种活力；

情，是一种动力；

情，是一种忘我投入和前行的兴致；

情，是挚爱教育的胸怀，是育人无价的升华。

（1）以情激趣，为课堂加值。学校首先应当像一块磁石，以自己有趣而丰富的生活吸引师生。学校是获取知识的地方，把学校变成吸引学生的磁石，就要把教学变成充满趣味的活动，让学生对学习充满兴趣。能不能激发学生的学习兴趣，自发主动地学习，取决于教师的"师能"。教育本身应该是灵动的，单纯地对学生说教不会有好效果。教育学家第斯多惠说过："教学的艺术不在于传授的本领，而在于激励、唤醒、鼓舞。"在教学过程中，要注重课堂气氛的营造，创设轻松和谐的课堂环境，活跃学生的思维，根据学生个性与心理特征，因势利导，努力激发学生自身的"内应力"。大兴二小开展课堂研究引领课，构建课堂教学模式研究课，倡导营造自然融洽的课堂教学环境，散发课堂的吸引力，教师趣味教学，学生快乐学习。

（2）以情润心，为成长加值。学校以情育师，教师以情育人。有"情"

才有"师德",情,是教师教书育人的根基,教育需要情,没有情的教育是冰冷的,是不完整的教育。情不是个人的,是团体的,教师之间有情,教师生活的环境有情,才能对学生有情。有了情,才有尊重和理解;有了情,才有信任和包容;有了情,才有关爱和欣赏。用心感悟每颗种子,用情温暖每颗种子,多给学生一份爱心、一声赞美、一个微笑,不伤害每颗种子发芽的勇气,让每颗种子都有发芽的机会,都有实现自己价值的机会。大兴二小倡导教育只有用幸福才能塑造幸福,用美好才能塑造美好,尊重、信任、关心教师,开展丰富多彩的文化活动,调节教师紧张繁忙的工作节奏,减轻教师的心理负荷,消除教师的职业倦怠感,让教师在学校有家的感觉,用笑声孕育"师情",以"师情"涵养学生、浸润童心,让学生在关爱中成长,更好地认识自己的价值,更加珍视自己的价值。

(3)以情导行,为生活加值。《礼记·学记》有语:"亲其师,信其道。"在与学生的谈话交流中,教师满怀爱心,饱含深情,建立民主、和谐、宽松的氛围,与学生情感交融,寓情于行,发扬教师的人格魅力,发挥教师的情感功能,让教师的教育行为真正内化为学生的道德认识。通过教师的言行感染学生的情感品德,有意识地让学生关注生活,从细节入手,从发生在身边的小事中获得丰富的感性认识,使学生实实在在地感受生活中的真、善、美,在真实的道德环境里产生爱憎分明的道德情感,形成道德评价的能力,从而培养学生的集体荣誉感、义务感和责任感,将道德情感融入日常行为中。有情怀才有主动,教育情怀是一种教育胸怀,教师的情首先应该对自己的职业有情,才能真正地理解教育的"情"是理性的情,不是溺爱,不是纵容。大兴二小举行教师节表彰会,激发教师的职业荣誉感,倡导教师对自己的职业有深刻的认识,爱自己的职业,以自己的职业为荣,自觉行为,积极主动地、理性地对待学生、对待教学、对待生活,营造和谐、融洽、振奋、饱满的情绪氛围,提高职业幸福感,才能真正地以情导行;在学习生活中检验学生的道德意识行为,使学生得到内化和升华,陶冶学生的情操。

(二)情润教育的两个关注点

1. 情润教育关注人的需求

(1)个人生命情润教育。人的生命存在是独特的,维持生命存在是每个人不可剥夺的权利,应该充分肯定并尊重人的生命价值,珍惜、爱护自己的生命及他人的生命,敬畏、尊重、欣赏、充实和发展生命,充分认识生命的价值及其意义。大兴二小倡导师生正确认识自己,尊重他人,合作包容,共建和谐，让每个人感受自己的重要性，是学校发展、社会发展不可或缺的一部分，从而实现自我价值，获得幸福感。

（2）人类基本价值情润教育。人类的基本价值是一个人为人处世应该具备的基本价值品质。大兴二小倡导师生对自己负责，加强自我修养，努力充实自己，树立正确的、积极向上的价值观，杜绝低俗文化的侵蚀，开展心理教育课程、艺术课程，以培养师生正确的价值追求，快乐、自信的生活态度，树立积极乐观的人生信念。

2. 情润教育关注社会的需求

（1）民族优秀传统情润教育。中华民族传统文化是人类历史上少有的没有中断的文化。大兴二小注重开展民族优秀传统情润教育，传承中华民族优秀传统文化，让学生在传统文化的学习中传承价值。

（2）社会主流价值情润教育。任何一个社会都有自己的主流价值，主流价值是人们用来评判他人或组织行为方式正当与否的共同标准。大兴二小在养成教育课堂中，倡导师生抱着团结友善的态度，以文明诚信为道德准则，以爱岗敬业为行为准则，民主和谐地发展。

（3）当前社会主义核心价值观教育。党的十八大以来，我国加强社会主义核心价值体系建设，用"富强、民主、文明、和谐，自由、平等、公正、法治，爱国、敬业、诚信、友善" 24 个字，概括了我国社会主义核心价值观。学校是社会主义核心价值观体系教育的重要渠道，大兴二小开展"纵览历史长廊　抒发爱国情怀"主题活动，激发学生的爱国情怀。

（三）情润教育的三个辩证关系

1. 历史与未来的时间辩证关系

大兴二小的情润教育根植于悠久的文化传统，立足于弘扬中华民族传统美德，既是中华优秀传统文化的传承与发展，又着眼于学生的未来，从小培养学生良好的价值品质，为学生未来的发展奠定基础。

2. 本土与国际的空间辩证关系

大兴二小的情润教育立足于本土，充分发掘地域特点，但绝不故步自封，而是以开放进取的态度，面向国际，面向时代，与时俱进。大兴二小开发利用地域资源，组织参观北京野生动物园、航天科普基地等，开展外教课、科技社团，让师生以国际眼光面向世界，认识科技的力量。

3. 儿童与教师的主体辩证关系

大兴二小的情润教育不仅关注教师专业成长，关心教师的工作和生活，开展丰富多彩的文化活动，提升教师的生活品位，激发教师的职业荣誉感，为教师创设充满人文关怀的家园，而且尊重学生，倡导站在儿童的视界看问题，用充满童真、童趣的眼光设计，大兴二小结合儿童的特点，利用节日开展充满乐趣的主题教育，激发学生的兴趣，让学生积极地参与其中。

（四）情润教育的四个实施途径

1. 课堂教学

创设良好的课堂教学氛围，营造积极的价值环境。大兴二小努力追求教师教得愉悦，感受到教学的意义、工作的价值；学生学得愉快，感受到知识的力量，增加积极的价值体验。

2. 主题活动

通过价值鲜明、学习目标明确的主题活动，深化学生的价值体验。大兴二小利用节日开展艺术、民族、科技、爱国等主题活动，进行各方面的情润教育，全面深化社会主义核心价值体系建设，不断积淀学校独特的文化内涵。

3. 家校合作

学生是在家庭、社会共同影响下成长的，大兴二小设立家长委员会，与家长分享资源，协调合作，共同育人，以促进学生更好地发展。

4. 社会实践

学生只有把对良好价值品质的认识置入具体的社会生活情境当中，才能真正形成自身品质。大兴二小每学年组织一至六年级学生，分别走进大皮营实践基地、北京科技博物馆、世界职业体验馆等青少年体验基地开展实践活动。

在实践活动中，学生通过工作获得劳动成果，学会与人分享；通过各种角色扮演活动，学会自己选择、决策、执行，学会诚信、尊重、责任、关爱、协作、勇敢，创造力和竞争力得到了很好的体现。

四、大兴二小情润教育文化理论体系

（一）办学理念

办学理念是校长基于学校现状以及今后的发展，提出的办怎样的学校和怎么办学的思路。大兴二小结合自身实际，深入挖掘情润教育的内涵，找准切入点，整合多方教育资源，提出了"善教以能，立人怀志　乐教以情，育人有品"的办学理念。

1. 善教以能，立人怀志

善教即善于教学，语出《礼记·学记》"善教者，使人继其志"。立人即立身、做人；扶持人，造就人。善于教学的人，应该以专业的知识与技能成就人，使其做人有志向。大兴二小通过组内研究课、骨干教师引路课、青年教师研究课，促进了教师的专业发展，注重"师能"的提高，力求以优秀的师资铸就优秀的学生，让每个学生都胸怀"中国之志"。

2. 乐教以情，育人有品

有感情、有情怀地教学，才能快乐地教学，培育具有关爱、同情、自由、责任、正直等良好品格的人。大兴二小倡导幸福课堂、快乐学习，为教师创设充满人文关怀的环境，消除教师的职业倦怠感，让教师快乐地教学，提高教育实效性，让学生真正地养成好的品格，成为优秀人才。

（二）办学目标

办学目标是指在较长时间内，学校生存和发展中带全局性、方向性的奋斗目标，须有科学预见性和创新性思考，须坚持实事求是、量力而行和可持续发展的原则。提出了"把学校办成挚情育人的天地，绽放生命的舞台"的办学目标。

用真挚的情对待每个人，让学校成为充满人文关怀的地方，成为师生共同成长的舞台，让每一个生命尽情地绽放光彩。大兴二小努力创造充满人文关怀的家园，开展"教师节"游泳接力赛、"元旦"小组魅力展示等活动，为每个人搭建展示的舞台，让每个人绽放自己的光彩。

（三）育人目标

儿童的行为及其状态与其生活的背景是一个密不可分的整体，儿童的发展是不断成长的有机体与其所处的不断变化着的环境之间逐步适应的过程。大兴二小深入挖掘情润教育文化内涵，提出了"培养具有正确价值观念、丰富价值情感的幸福小公民"的育人目标。

1. 具有正确价值观念

当今学生的思想品德问题日益突出，进行卓有成效的情润教育，是当下学生身心发展的需要。大兴二小开展情润教育大课堂、养成教育等校本课程，以优秀的文化熏陶人，以丰富的活动感染人，引导学生树立正确的价值观念。

2. 具有丰富价值情感

情感价值是心灵的最高体验，抵制低俗文化，培养丰富的价值情感已成为基础教育的共同趋势。大兴二小开展歌舞、曲艺等活动，以陶冶学生的情操，培养学生的丰富价值情感，为学生幸福人生打好基础。

（四）校风

校风是学校精神环境的重要内容之一，是学校办学指导思想和培养目标的集中体现。大兴二小围绕"育人无价 以情加值"的核心价值观，形成了"乐学、明理、阳光"的校风。

乐学：学校师生劳逸结合，乐中求知，学有所乐，对学习抱有一种积极态度，乐于求知。

明理：学校师生明辨是非，尊重他人，注重自身行为规范，雅言雅行，知书达理。

阳光：学校教师乐观开朗，学生活泼有朝气，学校整体氛围积极向上。

（五）校训

校训是指在学校精神文化的指导下提炼出简洁、概括的词句，是学校师生共同遵守的言行规范和道德准则，共同的基本精神和追求目标。一个好的校训，不仅能够反映学校的特点、风格，还能反映学校时代的、地域的文化积累和精神，是学校文化的重要组成部分。大兴二小围绕"育人无价 以情加值"的核心价值观，提出了"让我们拉拉手吧！"的校训。

校训体现四个方面的内容。

第一，主体："我们"是指校领导班子之间、领导和教师之间、教师之间、师生之间、生生之间；学校和家庭、学校和社区、学校和共建单位、学校和教育科研机构之间……

第二，道德准则：感恩、诚信、平等、尊重、责任。

第三，行为方式：包容、开放、合作、友好、勇气。

第四，目标追求：快乐、幸福。

"让我们拉拉手吧！"具有传递性和辐射性。

"拉拉手"是友谊的传递，是平等、尊重、包容、开放、合作、友好的团结共进；

"拉拉手"也是温情的辐射，是快乐、感恩、美好、幸福的感情蔓延。

五、情润教育办学实践体系

（一）文化实践体系

1. 制度文化

制度文化是学校在日常管理中逐步形成的具有人文特色的管理制度，体现了学校的管理理念、人文精神和运行效度，具有潜移默化的导向作用。管理文化是学校保持良好竞争力，形成浓郁文化氛围不可或缺的重要组成部分，对于管理者深刻认识学校管理规律，提高管理效益，逐步实现办学目标具有重要的意义。在"育人无价 以情加值"文化核心价值观的引领下，大兴二小倡导"人文凝情"的制度文化。

大兴二小倡导简单、轻松、开放、自由、互助的温情氛围，建立合理的评价制度，力求学校管理制度化与人性化达到最佳平衡。学校鼓励教职员工参与制度的制定，多渠道征求意见，完善学校的校章和管理制度；成立家校协会，定期开展家校合作工作，逐步形成了优质、高效、人本化的管理模式。

2. 行为文化

行为文化是教师与学生践行学校文化内涵的概括和总结，在学校文化的整体建设中居于核心地位，有着极为突出的作用。它是学校文化积淀在现阶段的显露，是学校办学理念的行为体现，是行为习惯养成、内在素质积淀必不可少的一部分。大兴二小的情润教育倡导友善共情的行为文化。

友善，朋友之间相互和睦。大兴二小开展丰富多彩的活动，丰富教师的精神世界；为学生成长搭建舞台，体验充满诗意的童年生活，为师生创造充满人文关怀的家园，倡导师生建立友好关系，健康地成长。

3. 物质文化

学校物质文化是学校文化的物质层面，是学校自然环境和人文底蕴的综合体现。学校物质文化建设是精神文化建设的基础，体现着学校文化的整体品位，更与精神文化有着相互促进、相互依存的关系。物质文化具有教育功能、示范功能、凝聚功能、创造功能、熏陶功能等，能为学生良好心理品格与正确价值观的形成奠定坚实基础。为此，大兴二小在"育人无价 以情加值"文化核心价值观的引领下，深入挖掘地域资源优势，形成了温馨蓄情的物质文化。

大兴二小在原有建筑不能改变的情况下，注入新的学校文化内涵。按照

"高雅、尚美、合理、化人"的原则，无论楼层文化主题的定位，还是视觉文化的表现形式，大到一个浮雕内容的选取，小到一块标语牌的颜色搭配，都按照小学生的年龄特点及教育规律设计，为学生创设温馨有情的学习环境，让学校文化发挥它的价值导向、精神激励、能力培养和力量整合等功能。

4. 课程文化

课程文化是实现学校教育目标的核心手段。课程文化作为影响学校文化建设的关键，受到越来越多教育者和家长的关注，集中体现了一所学校独特的育人底蕴与品质。在"育人无价 以情加值"文化核心价值观的引领下，大兴二小倡导适性悦情的课程文化。

适性，根据人的个性、人格、兴趣和能力的差异，进行灵活的选择。悦情，心情愉悦，出自任昉《〈王文宪集〉序》："理积则神无忤往，事感则悦情斯来。"纯粹的道理堆积只会让思维阻碍不通；亲身感受才能让人心情愉悦，思维通畅。课堂是师生生命共度的一个过程，师生之间民主、平等、宽容，能够允许每个学生表达自己不同的心声。大兴二小倡导建设轻松愉快的课堂环境，通过自主、合作、探究的过程，让学生在体验中感受到快乐和自信。三年级以上推行小组合作捆绑评价方式，这个过程中学生的状态是活跃的、快乐的，教师是愉悦的，这样的课堂才是智慧的、高效的课堂。

（二）文化实践发展的思考与建议

大兴二小全体教职工需牢固树立文化立校的理念，促进学校的内涵发展。大兴二小坚持以人为本，积极构建师生共同的价值观、思维方式，在"育人无价 以情加值"核心价值观的引领下，围绕办学理念、办学目标等深入思考，并提出五点建议。

第一，学校要深入学习和理解情润教育的内涵，并在今后的工作实践中不断深化和丰富，打造教育品牌。

第二，学校要在各种场合不断宣讲情润教育的文化理念，深入思考情润教育的内涵，以核心价值引领全校师生的思想意识，在教育教学过程中让广大教师形成文化共识并积极践行。

第三，为更好地展现大兴二小优美的环境，以直观、生动的画面展现学校的整体景观和精神风貌，更好地加强学校文化的宣传，制作有文化感染力的视频，内聚精神，外树形象。

第四，完善学校文化标识系统，进一步完善制度建设，形成系统明确的发展思路。

　　第五，进一步提升教师的专业水平与科研能力，为构建团结协作、爱岗敬业、务本求实、专业化程度高的教师队伍而不断努力。

　　　　　　　　2016年2月在大兴二小"价值教育"研讨会上的发言

教育的坚守和坚持

北京市大兴区第二小学（下称"大兴二小"），一校两址办学，是全区小学规模较大、师生人数较多的一所地处城镇的直属小学。学校现有教职工164人，北京市特级教师1人，区级以上学科带头人、骨干教师40人，开设教学班57个，在校生2 324人。学校围绕立德树人的根本任务，以社会主义核心价值观教育为指导，遵循"善教以能，立人怀志　乐教以情，育人有品"的办学理念，构建情润教育办学文化体系，大力推行情润教育，根植于课堂，立足于学生，深化课堂教学改革，开展丰富多彩的学生实践活动，通过思想立校、制度立校、人才立校、情感立校，联合社会力量办人民满意的教育。

一、教学管理工作

本学期，大兴二小严格按照区教委有关教学工作部署并结合学校具体情况，加强教学管理和教学常规建设，培养学生良好的行为习惯，努力提高教育教学质量，我校教学管理工作的主要做法有四方面。

（一）优化教学管理制度

根据学校实际情况，不断优化学校各项管理制度。开学初完善并公布执行了"大兴二小教师一日课堂常规""大兴二小教师考勤制度""大兴二小教师期末量化表"等，明确了教师岗位职责，使教学管理工作有章可循，有规可依，推动教学管理规范化、制度化建设。

（二）领导干部细化分工

本学期，我校继续实行年级管理制度，各年级下辖语文、数学教研组、本年级科任组员。年级主任主要负责执行具体事务，学校领导干部分到各年级组负责引领、协调各项教学事务，形成年级合力，促进教学工作的顺利完成。

（三）强化教学常规管理

1. 规范课程设置

学期初，教导处根据区小教科课程方案编制了校级课程表，经过学校审核发到各年级。

2. 明确教学常规各项制度及要求

在年级主任和教研组长会上，学校教导处公布教学各项制度要求。例如：①教师备课要求；②语文、数学、英语、科学等学科教研活动安排；③教研组长手册、教学手册撰写要求；④学生作业批阅要求；⑤学校午自习检查制度表；⑥作息时间等。

3. 引领教学质量提升

本学期，学校开展了领导干部走进年级听评课教研活动，领导、教师共同教研，探讨教学提质方法。特级教师吴正宪及其团队走进大兴二小开展系列教研活动，张艳清语文名师工作室等教改活动效果显著，受到市、区的好评。

4. 日常检查反馈落实到位

学校严格落实一至二年级不留书面作业；其他年级作业时间不超过 1 小时，不得给家长布置或者变相布置作业等要求。学生记作业本由各年级统一设置并使用，教师每日把学生作业写在黑板上，班主任复核作业量，有问题及时纠正。在日常教学中抽查教师备课、学生作业。期中、期末定期检查，做到及时反馈。午自习检查打分、评价，每周一升旗仪式后进行全校反馈。各项工作的落实，使学校教学工作有序、良好地开展。

（四）评价制度

1. 教师评价

学校设计了每学期教师期末教学量化评价表，内容涉及读书学习、听课次数、教师获奖、期末成绩、考勤、各项手册上交情况等，学校根据实际情况合分量化，推出等次，表扬优秀，查找问题，以利于新学期调整工作部署，提高教学质量。

2. 学生评价

我校开展了每学期"学科能力检测周"活动，内容涉及各学科，例如，语文朗读、数学口算、道德与法治问答、英语口语交际、科学实验、音乐试唱、美术绘图、体育跳绳等，比赛项目多样，满足不同学生的需要。此外，我校还精心设计学生寒暑假作业，尤其是学科综合实践作业，受到学生的欢迎。学期初，小制作、小种植、小实验等成果丰富，学校经过评选对优秀学生进行表彰。另外，"一至二年级自主识字同步读写"课题的研究中"识字大王"涌现，联想写话作品结集成册；英语参加市、区级配音等比赛，每次都有众多学生获奖，为学校增光添彩。另外，学生综合评价手册的使用，关注了学生过程性评价，每学期班主任、学科教师认真对待，结合学生学习情况综合评定，起到了持续调动学生积极性的作用，效果显著。

二、德育工作

（一）开展主题教育活动

学校主题教育，是学生学校生活的重要构成部分，也是对学生进行思想道德教育的重要资源和载体。

（1）上好爱国主义教育第一课。开学初，大兴二小在操场举办了隆重的开学典礼，校长宣讲开学第一课。各班开学第一课的主要内容包括：校园防疫要求、爱国教育、养成教育。

（2）学校充分挖掘重要节日蕴含的教育内涵，组织开展了"三八妇女节活动""植树节活动""向英雄致敬"等主题教育。学生通过讲述英雄故事、制作感恩卡、绘制图画、种植小树苗、打理家中的植物、在线祭扫英烈、演讲比赛等方式参与活动。重阳节组织志愿服务团到社区空巢老人家中慰问。

（3）围绕建校 60 周年庆祝活动，开展"我是二小人"系列活动，学生通过绘画、写作、书法等形式同贺学校建校 60 周年。为展示大兴二小办学实践成果，我校组织近 500 名学生参与主题为"我们和你在一起"的大型艺术展演活动，取得圆满成功。

（4）以"文明示范班"的评比落实养成教育。我校小干部对全校各班的卫生、纪律、早晨入校、两操、班级文化进行检查打分，评出"卫生示范班""两操示范班""守纪示范班""文化建设示范班"，以评价促进步，以评价促学生养成教育的开展。

（5）面向全体学生开展了勤俭节约"绘"出来，节约故事"写"起来，光盘行动"做"起来，热爱劳动"干"起来等丰富多彩的实践活动。

（6）开展"垃圾分类宣讲员""垃圾分类小达人""小手拉大手，垃圾分类见行动"等主题教育。把垃圾分类的各项要求纳入文明示范班的评比中，各班设立垃圾分类监督岗，定时投放垃圾；开展周六垃圾分类家庭日活动。

（7）全面落实劳动教育。分校利用各班教室前的空地开展种植活动，总校依托科研课题开展劳动习惯养成教育，从而逐步培养学生的劳动习惯。

（二）班主任工作坊

我校班主任工作坊已经开展了九次主题研修活动，每次确定一个主题，采用教师撰写案例、专家引领、案例分享、讨论梳理、总结提升的方式进行研修，提高班主任的专业素质。每年组织年度"十佳班主任"事迹宣讲活动，并在学校公众号进行宣传。我校有两个德育课题，"中华传统美德校本课程的班本化实施"课题已经结题，"家校合作培养小学生劳动习惯的实践研究"由德育主任负责正在研究中。

（三）家校协同

为加强家校沟通、倾听家长心声，分享家教经验，发挥家校协同育人作用，我校每学期至少召开一次家长会。由于疫情防控要求，由各年级统一安排，各班分别召开了线上家长会。校级家委会每学期召开两次，以线上腾讯会议的形式，110名家长和学校领导共同参与。学校特邀褚长萍老师为全体家委会成员讲授微课"家长委员会的意义和使命"。

（四）社会大课堂实践活动

我校组织学生开展丰富多彩的社会大课堂实践活动：到文博园体验农耕文化，到麋鹿苑了解麋鹿知识，到印刷博物馆感受伟大的中华文明，到科技馆学习科学知识等，通过探究、制作、服务、体验等方式，培养学生综合素质。

（五）社团活动

我校以争创京剧金帆社团为依托，规范学校的社团活动。本学期我校组织全员参与体育锻炼活动，低年级开展课后跆拳道、韵律操和礼仪课程；中年级开展跆拳道、韵律操和科技小制作课程；高年级开展身体素质锻炼、韵律操和科技小制作课程，旨在提高学生身体素质和科学素养。学校精品社团：京剧社团、舞蹈社团、合唱社团、戏剧社团、科技社团、围棋社团、田径社团、篮球社团、足球社团、武术社团、儿童画社团和工艺美术社团等，吸收了有特长的学生进行专业发展，丰富了学生的课余生活，提高了学生整体素养。

三、课后丰富的举措

（一）一小时体育落实

1. 课内一小时体育落实

（1）全面落实国家义务教育课程方案和课程标准，开齐课程，开足课时，每天在正常教育教学时间内保证阳光体育一小时，具体做法如下：一至二年级每周4节体育课、三至六年级每周3节体育课，每节课40分钟；没有体育课的当天安排一节40分钟的体育活动课；每天安排20分钟的大课间体育活动（广播操、跳绳、跑步、素质训练等）。另外，星期一上午大课间是常规的升旗仪式时间，学校在每周一上午第三节课安排了40分钟的全校性体育活动，学习韵律操、进行体能训练等，以此保证星期一学生在正常教育教学时间内阳光体育一小时。

（2）要求体育教师上好每一堂常规课，教学设计要科学，教学分段要合理，教学组织要严密，教学方法要有效；运动负荷要适宜，对各项练习的时间、强度及次数要做出科学的具体安排。针对肥胖学生，制定以年级为单位的干预措施，在课上进行有针对性的训练，例如，跑步、跳绳等，注重个体，因材施教。

（3）结合我校实际，在低年级开展"形体"训练课程，全员参与，改善学生的不良体态，锻炼学生肢体协调性和灵活度，培养审美，提高自信。

（4）学校还以班级、年级为单位开展校内体育周赛、月赛，每年举办一次全员参与的综合性运动会。

2. 课后一小时体育落实

（1）服务时间。每天完成规定课时之后提供课后服务，课外活动时间不超过下午5：30，课后延时托管不超过晚上6：30。低年级课后服务每日3：10开始，中高年级课后服务每日4：10开始。

（2）内容与形式。学校充分发挥自身优势，制定体育与健康课程实施细则和管理办法，聚焦提升学生核心素养，将跆拳道、韵律操、体能训练等作为必修项目，要求全员参加。提供田径、足球、篮球、跳绳、舞蹈等作为选修项目供学生选择，确保学生至少熟练掌握两项运动技能。

以必修形式开展体育活动，一至四年级以开展跆拳道和韵律操为主，五至六年级以开展韵律操和体育素质锻炼为主，要求全员参加。分时段在操场进行集体性活动，每次活动一小时。

以选修的形式开展课业辅导、科技、儿童画、工艺美术、舞蹈、合唱、朗诵、戏剧、京剧、足球、武术等实践教育。

积极开展学生社会大课堂实践活动、戏曲进校园、民族艺术进校园、观影观赛观演等实践活动。组织开展科技节、艺术节、文化节、体育节等展演活动，为学生提供丰富多彩的校园文化生活。

（二）答疑和补差

在课后服务中，学校教师组织学生开展适宜的校内阅读、自主学习等活动，为学生提供答疑补差服务。其中，市区级骨干积极参与到答疑补差服务当中，班子成员轮流进行检查，督促教师做好答疑补差等工作。每次答疑补差之后，答疑教师做好记录（见表1）并上交办公室。坚决禁止学校借课后服务的名义组织学生集体补课、集体教学；坚决禁止以课后服务名义乱收费。

表1 课后服务答疑补差记录单

日期		地点		人数	
答疑人		检查人			
答疑内容					

（三）周末大扫除

为了培养学生爱劳动的好习惯，爱护学校的校园环境，特安排周末大扫除活动。安排学生在每周五中午进行大扫除，主要是教室内的环境整理与清扫，包括桌椅、柜子、窗台、讲台、书桌、墙壁等。各班班主任为大扫除活动组织的负责人（总校为楼房，为了安全考虑，不安排擦玻璃；分校为平房，特安排擦玻璃及教室前卫生区的清扫）。扫除后开展评比活动（见表2、表3）。

表2 大兴区第二小学（总校）周末大扫除检查评比记录表

班级	桌椅整齐（1分）	课桌内无垃圾（1分）	工具摆放整齐（1分）	讲台黑板整洁（1分）	地面干净（1分）	书架、窗台、柜子干净（3分）	公物维护及时断电（1分）	垃圾分类（1分）	总分

表3　大兴区第二小学（分校）周末大扫除检查评比记录表

班级	桌椅整齐(1分)	课桌内无垃圾(1分)	工具摆放整齐(1分)	讲台黑板整洁(1分)	地面干净(1分)	书架、窗台、柜子干净(1分)	公物维护及时断电(1分)	玻璃(1分)	清洁区(1分)	垃圾分类(1分)	总分

　　教育追求永无止境，探索改革永在路上。我们深知，学校的教育教学管理还有很大的进步空间，还有更多需要学习的知识。中共中央　国务院印发了《深化新时代教育评价改革总体方案》，其目标是为了完善五育并举的教育任务。在新时代的教育思想引领下，我们永远是攀登者。

2016年12月在大兴区小学年度工作会的汇报发言

明晰标准 规范办学 关注发展

全国教育大会再次强调：教育兴则国兴，教育强则国强。通过多年的学校文化建设和课程改革，大兴二小已经逐步走上了一条良性发展之路，办学特色明显，教育成效显著。这一切首先得益于多年来学校依法办学、依规管理和全面提高教育质量、努力创建学校特色的意识、思考与实践。而《义务教育学校管理标准》达标验收工作方案的出台，为我们规范学校办学提供了强有力的抓手。

一、回顾学校历程明确办学理念

我校自1960年建校至今，在长期的办学实践中继承和发扬优秀文化传统，深层次挖掘中国传统文化和学校优秀文化资源并进行整合，形成了大兴二小特有的奉献之"魂"、质量之"根"、创造之"美"。

学校围绕立德树人根本任务，遵循"善教以能 立人怀志 乐教以情 育人有品"的办学理念，在"育人无价 以情加值"核心价值观的引领下，大力推行情润教育，根植于课堂，立足于学生，深化课堂教学改革，开展丰富多彩的学生实践活动，通过思想立校、制度立校、人才立校、情感立校，联合社会力量办人民满意的教育。

二、认真研读标准精准把握内涵

为全面推进我校管理工作，促进学校规范办学、科学管理，整体提高教育质量和办学水平，我校成立了由校长任组长、书记为副组长、中层干部为组员的学校管理标准化建设专项工作小组，并确定了工作流程。

第一，2018 年 10 月，在接到区教委传达的《义务教育学校管理标准》达标验收工作精神后，学校召开了校务会，全体班子成员一起学习了《义务教育学校管理标准》达标评价细则内容，校长要求各部门要以此为标准，规范开展各项活动，要在实际工作中达标。

第二，2019 年 3 月召开校务会，研究部署《义务教育学校管理标准》达标验收工作，确保干部知晓率达到 100%。之后向大兴教委小教科提交了《大兴二小义务教育学校管理标准化验收申报表》。

第三，2019 年 4 月召开全体教师会，认真学习《义务教育学校管理标准》，对照标准，逐条学习，确保全体教师知晓率达到 100%，并将每条标准责任到人。

第四，2019 年 5 月召开《义务教育学校管理标准》干部研讨会，每位责任人对照标准认真自查、自评。在此基础上，各负责人撰写自评总结，整理档案材料，学校形成大兴二小一校一案以及办学绩效自评报告。

三、梳理亮点工作彰显学校特色

（一）细化制度规范管理

学校依据党的方针政策制定学校三年发展规划，对已有的各项管理制度进行自查、修改和完善，修订《大兴区第二小学教师职业道德规范》，制定《大兴区第二小学全员育人工作制度》，通过教代会制定《大兴区第二小学岗位聘任细则》《大兴区第二小学职评方案》《大兴区第二小学和谐团队评选方案》等并落实到位。对干部选拔任用、人事安排等工作均通过支委会和教代会讨论酝酿产生，并及时公布信息，做到校务、党务公开。每学期初学校都会制订细致的学期工作计划以及月度工作安排，每周制定周工作安排，学期末撰写学期工作总结，梳理亮点工作及取得的成绩，反思不足并提出改进措施。

（二）促进学生全面发展

1. 建立德育体系

学校制定了学科渗透德育工作方案，整合各学科资源开展全域学习活动，依据不同年级的学生特点建立德育目标体系，利用开学典礼、毕业季、入队季，每日升国旗等丰富多彩的主题教育，开展学校德育工作，从而实现全员育人、全程育人、全方位育人的德育工作理念。

2. 开展主题教育

根据实际，学校制定《大兴区第二小学社会主义核心价值观教育长效机制》，通过"小手绘蓝图"纪念改革开放四十周年系列教育活动，我心中的国防英雄演讲等主题教育，在学生中开展爱党、爱国、爱人民等理想信念教育，让社会主义核心价值观入脑入心。

3. 健全体育艺术制度

体育工作，"两操一课"排入课表，确保学生每天体育活动时间不少于1小时，每个学生掌握至少两项体育运动技能。每学年举办运动会或体育节、体育月赛等，开展国安足球进校园活动，利用中午休息时间组织班级足球竞赛。学校田径队、足球队、篮球队、跳绳队训练有计划、有目标、有实效。

为满足学生个性需求，我校在1至3年级开设形体课，4至5年级开设武术活动课程。全校开展诵读活动和戏剧课程，学生参与覆盖面100%，每个学生能够至少掌握一项艺术特长。此外，学校还设有话剧、舞蹈、京剧、工艺美术等十几个艺术类社团，定期开展"情润绽放"戏剧专场、舞蹈专场演出。

4. 落实劳动教育课程

学校将劳动教育纳入整体工作计划，分年级制定劳动教育目标，利用班会时间开展劳动教育，建立班级劳动实践园，注重对学生生活技能的培养。结合传统节日和学科课程，开展综合实践活动课程。利用市区级社会实践基地，开展学生社会实践大课堂活动。结合校内外资源，组织学生走进特教中心、周边社区开展志愿服务活动。

学校成立了《家校合作培养小学生劳动习惯的实践研究》课题组，课题负责人王新老师带领三年级8名经验丰富的班主任教师参与课题研究，今后此课题的研究范围将扩大到全体教师。本课题把家校合作和学生的劳动意识有机结合，有利于培养学生良好的劳动习惯，促进教师由实践型教师向理论研究型教师转变。

（三）引领教师专业发展

1. 干部队伍建设

学校干部管理制度健全，并已汇编成册，干部深入一线指导工作要求明确，措施具体。同时，学校创造条件，支持干部参加各种与其岗位一致的考察、研讨、交流等活动，使其开阔视野，更新观念，不断提高管理水平。

2. 班主任队伍建设

为提高班主任管理水平，学校将班主任队伍建设写入学校德育工作计划，每月有计划、有主题地开展校级班主任研修活动，每学年评选校级十佳班主任，并组织班主任事迹宣讲活动。学校成立了"灵润"班主任工作坊，依托专业团队，以"专家引领、同伴互助、自主成长"为路径，定期开展学习研究活动，提升全体班主任教师的教育理论素养、理性反思和智慧解决问题的能力、研究能力。

3. 学科教师队伍建设

学校制定了《大兴区第二小学教师队伍建设实施方案》，并指导教师制订《大兴区第二小学教师个人专业发展计划》，建立"大兴二小教师成长档案"，加大对中青年骨干教师尤其是青年教师的培养力度，完善、落实教师的发展和培养计划，现已形成市区校三级骨干教师梯队，骨干教师数量和层次逐年提高。

凭借作为大兴区进修学校基地校的优势，充分借助教研员及大兴二小教师学会，每月开展"吴正宪团队走进大兴二小系列研修活动"、张艳清语文名师工作室活动等，推进教师培训模式创新。

学校还开展了形式多样的教师学术沙龙，如：班主任沙龙、半亩塘读书沙龙等，实现教师队伍素质的整体提升。

（四）提升教育教学水平

1. 日常教学质量监管

学校注重教学质量的日常监控管理，通过《教学管理常规》对教师提出明确的备课、上课和作业批改等要求，使教师有章可循，采用教师、教研组、学校三层管理模式引导教师关注常规工作，注重工作过程，积累经验。

2. 创新课程实施方式

大兴二小"情润课程"，经过几年的研究和探索已经形成比较全面、系统、科学的体系，各学科的教师融入"情润课程"的建设之中。

我校坚持"学以致用"原则，创新各学科课程实施方式，强化实践育人环节，引导学生动手解决实际问题。学校从五大课程领域（润德、润智、润健、润美、润行）、四大课程层次（基础课程、拓展课程、实践课程、综合课程）开发出了"情润课程体系"。学校制定了《五育贯通、家校协同优秀传统文化浸润式学习：主题溯源学习课程方案》，开发并实施了"主题全景阅读""主题全域学习"课程，真正做到学科课程实施采取课内外结合、学科间整合、校内外融合等方式。

（五）营造和谐安全环境

1. 加强安全教育

我校积极借助政府部门、社会力量、专业组织，构建学校安全风险管理体系，并加强安全宣传与教育。学校利用多种形式加强健康知识宣传，如：宣传栏、知识讲座、展板、卫生广播、评比竞赛等，每学期做到不少于 20 次卫生健康宣传活动。为突出多方面安全教育，我校还利用国旗下讲话、班队会、"七进"活动、"全国中小学生安全教育日"活动等开展全方位教育。

2. 营造和谐环境

学校本着"与教育统一的原则"和"与理念文化统一的原则"，进行了校园文化建设，力求达到顺应教育的需求和学生审美情感的需求。同时，校园内和教室里种植绿色植物，努力为学生创设一个温馨的学习氛围和生活环境。

（六）收获累累硕果

在全体教师的共同努力下，学校 2018 年荣获第五届"东方少年中国梦"新创意中小学生作文大赛优秀组织奖，第一届"清玄杯"全国朗读大赛优秀组织奖，"北京市中小学生社会大课堂"工作先进集体，北京市中小学生戏曲知识大赛团体赛优秀奖等国家、市、区级奖项共计五十余项。

四、及时反思问题提出整改举措

（一）问题和困惑

（1）校舍面积不足，招生压力增大。教师餐厅面积过小，教师需按时段用餐。

（2）学校课程体系需要进一步完善，并落实到每位教师。

（3）教师队伍结构需要进一步调整，教师年龄普遍偏大，学科经验丰富，但缺乏创新。

（4）家校沟通策略需进一步研究，尤其是目前由于家长年龄结构和通信手段的变化，家校间新的沟通问题不断增多。

（二）改进的举措

（1）科学规划学校场地，比如，我们对一楼大厅的改造和规范管理。

（2）做好课程体系的思路诠释与研训方式。

（3）积极引进特级教师、青年教师，进一步发挥名师工作室、师带徒的作用，培养青年骨干教师，形成有活力、有干劲的教师队伍。

（4）组建德育骨干团队，聘请专家指导，深入研究家校沟通有效策略。

近年来，学校不断规范管理，打造教师队伍，梳理课程体系，开发校本课程，形成特色品牌，促进学校形成了"标准引领、管理规范、内涵发展、富有特色"的良好局面。我们将继续树立与时俱进的学校发展观，秉承以人为本的教育理念，真正实现管理的人本化、科学化、民主化和制度化，为广大师生营造和谐的校园环境，为学生的全面发展不懈努力！

2017年义务教育规范办学验收活动的汇报发言

书味十足

在校园的风景中，最美的莫过于学生抱书凝神的画面。做校长 20 余年总是有一个愿望，学校中图书处处可见，可放置在信手拈来的教室一侧，可放置在楼道休闲的拐角处，还可放置在洗手间等候区的格子间里。其实这些愿望都已实现，我更奢求的是学生的教室设置在书海里，当与课堂授课教师及同窗辩论的问题找不到更充分的理由时，可以到书中去寻找老师，学习更多的知识。为什么会有这样的梦想和愿望？因为我要让学生嗜书如命，书味十足，匆匆一生，只有书中的世界能让我们仿佛多活几世。要有这样的人生体验，只有捧着自己一颗爱书的心去激发另一颗爱书的心，即培养智慧读书之生。

小学阶段刚步入正式学习时期，大脑处于高速发展期，良好的阅读有助于学生开卷打好人生的底色，走进多元的世界。

我推荐读书智慧三法：一是共读。家长与孩子共读，教师与学生共读。读书是快乐之事，就像喝咖啡一样，刚开始品尝时，一定觉得是苦的，但是慢慢习惯以后，咖啡中的香味就会沁人心脾。而这种品尝的过程需要家长、教师陪伴孩子一起度过，孩子读书习惯的养成也是苦咖啡变成超级美味的同理之行。二是博读。每个人开始读书时，都不能叫读书，而是看书，或者叫看喜欢的图片和人物，以及自然界的各种风景。这种最初的懵懂，不能简单地阻止，可以和孩子一起去图书馆或是书店，鼓励孩子选择自己喜欢的图书，这时候，适时给孩子介绍图书的种类和他这个年龄感兴趣的内容，不让他有被动接受的感觉，又因为找到了自己喜欢的图书而兴奋，感到被家长尊重，以后再来买书和挑书，就会非常愿意了。博读的另一个意思就是读书要范围广泛，孩子因为读书多而广，在别的同龄孩子面前就会让人刮目相看，这样越发让他知道读书的好处，因为知道更多别人不知道的知识而骄傲和自信。三是引读。读书不能永远漫无目的，随着年龄的增长和学习的有序推进，读书要成为提升个人学习力和生活品质的精神食粮。引导读书方法，让学生自己总结读书心得，从书中习得做人的道理，从书中品味经典故事。读书的引导，还在于读书要从广度向深度转变，从读别人的经典，体会别人的思想，转变为要有自己的感悟，形成自己的思维方式，转化为自己科学的发展方向指南。

学生的时代是学习的风景，学习的风景除去课堂的师生教学相长，应该让学生课余时间书味十足，当我们把最美的书香味萦绕在学校、家庭各个地方的时候，就会欣赏到学生与书共舞的唯美愿景。

2020 年在学校线上家长会给孩子的读书建议

坚持教育理念　抓好育人细节

　　每一朵花都有她的花期，所以，教育就是等待的艺术，是春风化雨、润物无声的过程。在育人的道路上，我们要坚持科学的教育理念，抓好每一个育人的环节，注重每一个育人的细节。

　　为了这份坚守和坚持，我们学校做到五个"一"：

一、办学思想引领学校发展

　　大兴二小建校于 1960 年，60 年来，学校凝聚了师生的深情厚谊。在今天尊重多元、崇尚个性、和谐共生、美美与共的教育改革大背景下，更应该用真挚而美好的情感对待每个人，让学校成为充满人文关怀的家园，成为师生共同成长的学园，成为每一个生命都尽情绽放的光彩乐园。学校师生在传承大兴二小几代人思想精髓的基础上，梳理出学校的办学思想：

　　核心价值观——育人无价以情加值；

　　办学理念——善教以能立人怀志乐教以情，育人有品；

　　办学目标——把学校办成"挚情育人的天地　绽放生命的舞台"；

　　育人目标——培养具有正确价值观念、丰富价值情感的幸福少年；

　　校风——乐学　明理　阳光；

　　校训——让我们拉拉手吧！

　　学校发展途径：四三二一。

　　四个立校——思想立校、制度立校、人才立校、情感立校；

　　三个发展——发展教师、发展学生、发展学校；

　　两个提升——师德和师能（顶层设计、全面提升、消灭短板、自主发展）；

一个字——细（想事、做事、反馈评价）；

干部工作原则：团结、奉献、公平、高效、德才双馨。

二、美丽家园师生真情相待

师生每天大部分时间生活在学校，学校是教师和孩子们的心灵归宿和美好家园，我们有责任、有义务建好这个家。什么是好学校？好学校就是学校的每个教师、校园的每一处地方给予学生的都是正面的、有效的、有利于学生发展的教育，就是让学生真心喜欢、愿意来的地方。每个教师说的每句话，写的每个字，做的每个动作、每个表情，都要成为学生的榜样、楷模，因为我们是教师，我们是学生模仿的对象，身教重于言教。校园的每个场所都要保持干净、整洁，让师生心情愉悦。我们还让每一面墙都说话，展示的每个画面、每段文字，都能让学生受到教育，启迪学生一切向善、向上、向真、向美。

近几年，经过全体教师的精心设计和打造，学校面貌焕然一新，校园处处显示出情润文化的气质，温情洋溢，美丽优雅。学校应该是物质家园和精神家园的统一，有体现人文关怀的工作和学习环境，同时也通过各种团队活动让广大师生倾情投入，团结一心，成为一个坚强的集体。

三、明确思路统筹各项工作

2015 年 9 月和 2018 年 9 月，学校制定大兴二小三年发展规划，这项规划是学校通过教师、家长、学生、专家共同完成的，每个中层以上干部都手写了建议，确实做到人人参与，建言献策，共同谋划学校的未来。在此基础上，每学期末我们都征求全体干部的建议，再根据市区教育政策，定出学校新学期的工作思路，然后，每个部门再分解目标，制订部门工作计划。计划一经形成，必须严格遵守。此外，每周学校会发布周工作提示，切实保障了各项工作的有序开展。

四、保证工作质量

教师普遍不喜欢开会和各种条条框框的规矩，但是，"规"和"会"两个字的内涵确实是学校平稳有序运行的保障。我校近两年修改和完善了学校教师评价制度，教师职评制度，教师考勤制度，教师职业道德规范制度，学生一日常规制度，学生评价制度和奖励制度，新增了"十佳教师"表彰制度、和谐团队表彰制度，等等。规矩的制定是为了不让踏实肯干的人吃亏，守住底线才能够促进学校各项工作的持续进步。

开会是统一思想、形成共同价值观的重要途径，会议的必要性和有效性是前提。我校每学期开学前，把各种会议和集体教研时间写进学校的计划中，列成表格，定好负责人，定好会议时长，一旦确定，除非通过班子会讨论，否则雷打不动。每周一次领导班子例会、每月一次全体教师会议的管理制度，实行集体领导和集体决策。凡重大问题必须经过领导班子民主决议形成共识后方可执行。学校教师多、事情多，有了严格的制度和各种会议计划，才避免了教师无所适从，手忙脚乱，提高了工作效率。

五、提高教师的教研能力

上好每节课，做好每件简单的事，是教师的职责和使命。每堂课都是教师的阵地，每个生命都需要呵护。大兴二小梳理出学校情润课程体系，形成了五个横向领域（润德、润智、润健、润美、润行）和四个纵向层次（基础课程、拓展课程、实践课程、综合课程），相互交叉渗透的课程结构，确立了我校全面育人的底线、底色和底蕴。我们还通过九个百分百和全景阅读、全域学习等特色课程，立足育人，全面、协调、可持续地发展学生的核心素养。

为了"修师德、强师能"，努力开展校本研修活动，每月定期举办专家引领的班主任培训和学科教研活动。2019年依托北京市基教研中心班主任研究室，学校成立了大兴二小灵润班主任工作坊，每月进行专题培训和场景案例分析；依托"大兴二小语文课程研究室""张艳清特级教师工作室"以及"大兴二小教师发展学会"，深入课堂教学改革，把各项教学工作落到实处。"大兴二小教师发展学会"的六位教师分别走进我们的课堂，耐心对教师进行辅导，助推教师的专业成长。"大兴二小语文课程研究室"邀请特级教师杨红兵每月到校带领全体语文教师开展研修活动，为教师搭建了交流展示的平台。在不断地研讨交流中，教师的教学水平有了进一步的提高。数学学科依托吴正宪名师团队以及教师学会的力量，搞好月、周、日不同级别的教研活动，始终把重点放在课堂教学中。吴正宪老师是在教育界享有盛誉的专家，她的人格魅力、专业素养、儿童数学教育思想像磁石一样吸引着我们，吴老师和她的团队是我们学校教师专业发展的优质资源。在研修的过程中我们是这样做的：确定研修基本理念、研修思路—制订研修计划，保障研修实施—团队引领、发展教师（①吴老师团队引领我们读课标。②在书中与吴老师深度对话。③同课异构中感悟吴老师的思想方法。④注重总结、反思成长）。

2016年3月到2020年10月，我校数学团队按计划完成了38次吴正宪名师团队在数与代数、图形与几何、统计与概率、综合与实践的四个领域的研究，教师在活动中积极参与，踊跃展示，寻找差距，认真反思，取得了可喜进步。每次活动后学校都要求全体数学教师撰写反思文章，择优刊登在《数学简报》上，推荐给吴老师团队，争取发表的机会。疫情防控期间，全体数学教师与吴老师一起撰写了一本新的数学论著《在校本研修中实现教师专业进步》。教师们把自己的收获应用于课堂实践，成效显著。借助《小学数学课堂教学实践与研究》《主题阅读》《经典诵读》《科学》《礼仪》等书籍的出版，进一步聚焦课堂教学，加强情润教育渗透于学科教学的研究。我校还邀请国家市区级专家、教研员进校指导，帮助各教研组开展教研日活动。所有这些举措，都是为了出色完成教师一日一节"小课"。

涵养真情，润泽生命，是丰台二小的教师梦，也是我的人生目标。丰台二小的一大亮点是学期末每个年级主任的述职演讲，既是每个教师的风采展示，又是团队和谐进取的缩影。虽然是一个人在说，但生动的画面展示，优美的配乐装点，精彩的瞬间呈现，真挚的眼神交会，都在诉说丰台二小人无私的奉献与收获的幸福。

2021年在京津冀校长论坛上发言

在党史学习中汲取自信的力量

欲知大道，必先为史。2021年是中国共产党成立100周年纪念日，在这个特殊的历史节点，每名党员干部都要注重从党的历史和经验中汲取开拓进取的智慧和力量，都要在新时代展现新担当、新作为，更加自觉地为实现新时代党赋予我们的历史使命而努力奋斗。今天，我结合自身学习党史、新中国史、改革开放史、社会主义发展史，围绕知党史、感党恩、跟党走，同大家一起交流。

一、知党史，回顾光辉历程

100年来，中国共产党紧紧依靠人民，取得了一个又一个胜利，创造了一个又一个惊天动地的奇迹，让中华民族不断焕发新的蓬勃生机。落其实者思其树，饮其流者怀其源，无论我们党走向多么光辉的未来，作为中国共产党人，都不能忘记走过的路。只有学习研究党史，回顾我们走过的道路，才能更加深刻地认识到是历史和人民选择了中国共产党；回望我们党走过的光辉历程，才能从中更加深刻地感悟党的初心和使命。

（一）中国共产党在革命中不断成长

中华民族5 000多年的历史，创造了辉煌灿烂的文明，为人类文明进步做出了不可磨灭的贡献。但随着封建集权越来越强，封建制度开始走向腐朽没落。而此时的欧洲，经过文艺复兴运动，英国等国家在政治上已经完成君主立宪；经济上已经完成了工业革命。而此时的中国远落后于西方国家。落后就要挨打，西方列强不断发动战争，逼迫清政府签订了一系列不平等条约，可以说战乱频发，民生凋敝，丧权辱国，中国逐渐沦为半殖民地半封建国家，中华民族处于危难之中。为了挽救国家和民族危亡，一代又一代的仁人志士同外国侵略势力和封建统治势力进行了不屈不挠的斗争，如太平天国起义、义和团运动、辛亥革命；进行了一系列改良运动，如洋务运动、戊戌变法。但不论是革命斗争还是改良运动，最终都以失败告终，都没有改变旧中国的社会性质和人民的悲惨命运，没有完成民族解放和国家独立的历史重任。归根到底，最主要的原因是没有一个先进的、用科学理论武装的政党来领导。

在中华民族内忧外患、社会危机空前深重的背景下，中国爆发了新文化运动，以 1915 年 9 月在上海创办的《青年》杂志为标志，提倡新道德、反对旧道德，提倡新文化、反对旧文化，提倡新思想、反对旧思想，首次提出科学与民主的口号。1917 年，俄国十月革命一声炮响，给中国送来了马克思列宁主义。1919 年爆发了五四运动，中国工人阶级开始以独立的政治力量登上舞台，马克思主义和工人运动相结合为中国共产党的建立从组织上、思想上做了准备。1921 年 7 月，嘉兴南湖湖面上的红船，中共一大 13 位代表，代表全国五十余名党员在这里创建了中国共产党。中国共产党的诞生是开天辟地的大事变，中国共产党在马列主义指引下，表现出了挽狂澜于既倒、扶大厦之将倾的使命担当和英雄气概，团结带领中国人民经过 28 年的浴血奋战，打败日本帝国主义，推翻国民党反动统治，完成了新民主主义革命，建立了中华人民共和国，彻底结束了旧中国半殖民地半封建社会的历史，彻底结束了旧中国一盘散沙的局面，彻底废除了列强强加的不平等条约和帝国主义的一切特权，实现了中国从几千年封建专制政治向人民民主的巨大转变。

（二）中国共产党在新中国建设中不断壮大

新中国成立之初，不仅一穷二白，百废待兴，而且面临帝国主义和国民党残部的经济封锁、政治孤立和军事威胁。在极为艰苦的环境中，我们党始终保持清醒的头脑，担负起领导全国各族人民建设新中国、新社会、新生活的重任，带领全国人民在曲折中前进，在围堵中突破，在打压中奋起，用辛劳和汗水为社会主义建设筑基打桩、添砖加瓦。中国共产党着力恢复工业生产、建立国营经济、收回海关控制权，大力发展生产力，并重点对农业、手工业和资本主义工商业进行了社会主义改造，确立了社会主义制度，并大力发展政治、经济、交通、教育、科技、外交等。

从生产出第一辆汽车，到试制第一辆喷气式飞机；从爆炸第一颗原子弹，到发射第一颗人造地球卫星；从武汉长江大桥建成，到成渝铁路通车，是党领导全国各族人民万众一心，发展工农业生产，改变贫穷落后的面貌，成功开辟了一条适合中国国情的社会主义建设道路。

（三）中国共产党在改革开放中不断探索

1978 年，以党的十一届三中全会为标志，中国开启了改革开放的历史征程。在不断改革与发展中，党确定了社会主义市场经济体制，"一个中心、两个基本点，走有中国特色的社会主义道路"。党的十六届四中全会提出了构建社会主义和谐社会的任务，也就是"坚持全面、协调、可持续的发展观，促进经济社会和人的全面发展"。党的十八届四中全会提出了"全面深化改革"，是中国共产党为国家富强和人民幸福提出的发展方向和探索。

短短几十年的时间，中国共产党带领全国各族人民坚定不移地解放和发展社会生产力，走完了西方几百年的发展历程，我国经济实力、综合国力大幅提升，人民生活水平显著改善，国际地位空前提高，经济总量跃居世界第二，实现了中华民族从站起来到富起来的伟大飞跃。这样的发展，这样的巨变，这样的成就，在人类发展史上都是罕见的。进入新时代，以习近平同志为核心的党中央团结带领全国各族人民进行伟大斗争、建设伟大工程、推进伟大事业、实现伟大梦想，推动党和国家事业取得全方位、开创性的历史成就，发生深层次、根本性的历史变革。在习近平新时代中国特色社会主义思想的指引下，全社会力量竞相迸发，汇聚成推动中华民族阔步前进的历史洪流，中华民族伟大复兴的巨轮正在乘风破浪地前行。

（四）中国共产党在为人民谋幸福中不断发展

从 1848 年《共产党宣言》发表，到 1921 年中国共产党诞生，再到 1949 年中华人民共和国成立，中国共产党一百年的探索，让东方古国重获新生；一百年的跨越，让积贫积弱的中国大踏步赶上时代前进的潮流。百年来，一代又一代共产党人用鲜血和汗水写就的奋斗史册上，回响着对"可爱的中国"的深情呼唤，书写着"走自己的道路"的豪迈宣言。风雨兼程百年路，初心不改中国梦。中国共产党领导着世界第二大经济体、拥有 9 000 多万名党员的全球第一大政党，向世界展示出愈加成熟、愈发强大的信心和力量；中华民族，这个近代以来历经磨难的民族，将以更加坚定的意志，更加昂扬的斗志不断迈向社会主义现代化国家新征程。

二、感党恩，坚定理想信念

我们出生在和平年代，改革开放、国富民强令我们尽享太平盛世的福祉。

树高万丈不忘根，人若辉煌莫忘恩！今天的我们要时刻牢记幸福生活来之不易，时刻牢记中国共产党交出的一份份无愧于历史和人民的答卷，始终做到热爱党、拥护党、感恩党。

（一）常怀感恩之心，坚持中国共产党的坚强领导

深刻认识没有共产党就没有新中国。1949 年 10 月 1 日，从这个标注改天换地的日子开始，人民翻身成为国家主人。烽火 28 年，执政 70 载，中国共产党将自身的成长壮大与一个国家、一个民族、亿万人民的命运紧密相连，以始终如一的初心和使命，实现一个国家波澜壮阔的发展与进步，创造一个民族与过往全然不同的历史，不断把中国人民的自由幸福推向一个崭新的高度。

始终坚信没有共产党就没有中国特色社会主义。1978 年 12 月 18 日，党的十一届三中全会如同春雷唤醒大地，改革开放成为决定当代中国命运的关键一招，重塑了中国人民的面貌，重塑了中华民族的面貌，重塑了社会主义中国的面貌。迈进习近平新时代中国特色社会主义新时代后，习近平在党的十九大报告中对"在中国共产党成立 100 年时全面建成小康社会，在新中国成立 100 年时建成富强民主文明和谐的社会主义现代化国家"的两个百年目标做出了明确安排，是中国共产党在新时代不忘初心、牢记使命的政治宣言。

（二）常怀感恩之心，坚持全心全意为人民服务

在这里，我想向大家讲述张富清老人和黄大年教授的故事。

张富清是中国建设银行湖北省分行来凤支行的离休干部。张富清在解放战争的枪林弹雨中九死一生，先后荣立一等功三次，二等功一次，被西北野战军记特等功两次，获得"战斗英雄"的荣誉称号。新中国成立后，他响应国家号召，主动到偏僻的湖北省来凤县工作，为贫困山区奉献一生。60 多年来，张富清刻意封尘功绩，连儿女也不知情。2018 年底，在退役军人信息采集中，张富清的事迹被人们发现。为党分忧，为人民谋幸福，是任何时代的共产党员都应有的选择。95 岁的张富清坚定地认为，在人生的诸多岔路口，他选择了最应该走的那条路——跟着党走。

黄大年是著名地球物理学家、吉林大学特聘教授、新兴交叉学部学部长，负责协调和组织管理中国跨部门和跨学科优势技术资源和团队，首次推动了中国快速移动平台探测技术装备的研发，攻关技术瓶颈，突破了国外技术封锁。他既是"无私的爱国者"，也是"新时代海归科技报国的楷模"。很多人

评价黄大年是纯粹的知识分子，因为他什么职务也不要，就想为祖国做些事，还有人评价他是另类的科学家，因为他对待科研只一句"我没有敌人，也没有朋友，只有国家利益"。黄大年是祖国的栋梁，他争分夺秒，即使透支自己，也要让人生发光。他是新时代为民族振兴不惜以身许国的先进楷模，是践行社会主义核心价值观的优秀代表，在他身上，集中展现了新一代归侨心系家国、鞠躬尽瘁的赤子情怀，在侨界树立起了一座矢志创新、勇攀科技高峰的精神丰碑。

正是因为我们祖国有着一批批像张富清、黄大年这样的民族脊梁，我们才能在一次次的跌倒后重新爬起来，才能在一次次的压迫下重新站起来，重回世界民族之林。

三、跟党走，筑牢初心使命

在新时代的新征程上，还有许多"雪山""草地"需要跨越。越是形势复杂、挑战严峻，越要以听党的话跟党走的忠诚、坚韧不拔的意志和无私无畏的勇气，投入新的历史特点的伟大斗争中，用攻坚克难的实际行动诠释新时代党员干部的使命担当。

（一）创新理论学习

习近平指出："我们党依靠学习创造了历史，更要依靠学习走向未来。"作为党员干部，要真正把学习作为一种追求、一种爱好、一种健康的生活方式，做到自觉学习、主动学习、终身学习。

一要全面系统学。一方面要固本培元，稳固理论根基。党的十九大提出习近平新时代中国特色社会主义思想，为我们的理论学习指明了正确的方向，提供了丰富的宝藏。我们要认真读原著、学原文、悟原理，不断学习和探索。还要认真学习马列主义、毛泽东思想、邓小平理论、"三个代表"重要思想和科学发展观，始终保持对马列主义、对中国特色社会主义、对实现中华民族伟大复兴的坚定信念，坚决做到"两个维护"，牢固树立"四个自信"，着力增强"四个意识"，以深厚的理论功底和党性修养锻炼出坚定的思想定力，从而有效抵御各种杂音的干扰。另一方面，要紧跟时代潮流，把准时代脉搏，学习经济、金融、科技、人文、历史等方面的知识，不断更新、拓展、提升知识理论的维度、广度、深度，从而更好地适应复杂多变的国内国际形势。

二要结合实际学，即理论和实际统一，学以致用，学思践悟。古人说：

尽读书不如不读书。学习如果不与实际相结合，就会成为无源之水、无本之木，就是做花架子、搞形式主义、官僚主义。如何结合实际呢？一是坚持问题导向，缺什么补什么，力争成为多面手；二是加强调查研究，真正把身子扑下去，心沉下去，了解基层状况，共同研究解决工作中的困难；三是在干中学、学中干，对遇到的新情况、新问题多思多学多悟，特别是年轻同志要自我加压，多动笔，把悟到的东西形成文字，提供给大家分享，共同提高政策理论和业务水平。

（二）加强实践锤炼

不少党员干部精力充沛、潜力无限，犹如垂钓，一竿在手，希望无穷。但是在成长过程中"滚石上山"的阶段，找准"支点"才能顶住压力、蓄势蓄能。这个支点，很重要的一点就是实践的锤炼和打磨。习近平说，革命战争年代，检验一个干部理想信念坚定不坚定，就看他能不能为了党和人民的事业舍生忘死，能不能冲锋号一响就立即冲上去，这样的检验很直接。

今天，衡量一名党员干部理想信念坚定不坚定，就要看他能否在重大政治考验面前有政治定力，是否能树立牢固的宗旨意识，是否能对工作极端负责，是否能做到吃苦在前、享受在后，是否能在急难险重任务面前勇挑重担，是否能经得起权力、金钱、美色的诱惑。这样的检验需要一个过程，不是经历一两件事、听几句口号就能解决的，要看长期的表现，甚至看一辈子。习近平还指出，"一事一时带好头不难，难的是事事时时做表率。"

大家要坚持和发扬好的传统，保持良好的精神风貌，潜心钻研业务，勇于承担重任，通过吃苦受累的实践磨炼，涵养自己强大的胸怀气度，在遇到更高层次挑战时，自然而然就成为发力的新支点。对待工作，一是不要轻视平凡；二是不要把平凡的工作做成平庸。不要满足于尚可的工作表现，要始终坚持做到最好，才能成为不可或缺的人。思想改变行动，行动改变习惯，习惯改变性格，性格一定程度上决定了你能走多远。

（三）守住廉洁底线

"从善如登，从恶如崩"，思想的口子一旦打开，就有可能一泻千里。我们看过的违纪违法案件纪录片中，绝大部分官员都是从贪图蝇头小利，收人礼金红包开始，致使贪欲膨胀，发展到收受巨额钱财，滑向犯罪深渊的。因此，每个党员干部都要经常检讨自己的言行，看看是否符合党的纪律和原则，是否符合社会主义道德规范，是否符合领导干部必备的政治条件和要求，守住廉洁底线，努力做到"有一念之非即遏之，有一动之妄即改之"，在金钱物质利益面前始终保持健康的心态。

（四）涵养高尚道德情操

群众看党员，党员看干部。党员要坚守精神追求，见贤思齐，见不贤而内自省，处理好公和私、义和利、是和非、正和邪、苦和乐的关系。要立志做大事，不要立志做大官，保持平和心态，看淡个人得失，心无旁骛地努力工作，为党和人民做事。近些年，社会上"关系学"很盛行，有的人为了扩大"关系网"，达到个人目的，想出各种办法攀附权势，大家对此要保持高度警惕，在人际交往中要有理有节，既要真诚待人、乐于助人，又要讲党性讲原则，不搞"关系学"那一套。特别是当个人感情同党性原则、私人关系同人民利益相抵触时，必须毫不犹豫地站稳党性立场，坚定不移地维护人民利益。

大家要经常对照党规党纪的要求检视反省，严格遵照执行。人生不可能一帆风顺，有成功也有失败，有开心快乐也有失落失意。如果我们把生活中的这些起起落落看得太重，那么生活对于我们来说永远都不会坦然，永远都没有欢笑。正确的态度是，当我们遇到坎坷、挫折时，不悲观失望，不长吁短叹，不停滞不前，把它作为人生中的一次历练，把它看成是一种人生成长的常态。人生应该有所追求，但暂时得不到并不会阻碍日常生活的幸福。因此，拥有一颗平常心、上进心，是人生必不可少的润滑剂。要学习张富清同志"淡泊名利、忠诚为民"的品质，坚持从日常生活细节做起，从一言一行做起，切实维护党员队伍的光荣和尊严，做党的忠诚卫士、群众的贴心人。

2022 年在全体党员会上讲党课

专家引领助力成长
团队协作砥砺前行

尊敬的领导、专家、老师们大家好，欢迎大家在百忙之中参加今天的活动！我以"专家引领助力成长　团队协作砥砺前行"为题向大家汇报大兴二小数学团队校本研修的幸福历程。

在基础教育改革不断深入推进的新时代，"校本研修"更凸显出在助力学校、教师和学生发展中的重要作用。多年来，大兴二小始终在思考如何从学校的发展出发，通过以校为本的研修，更好地满足教师的发展，培养学生的核心素养，实现全面贯彻党的教育方针，落实立德树人的根本任务。2016 年，学校结合教师发展实际，成立了"大兴二小教师发展学会"，并研究决定借助吴正宪老师及其团队的优质资源发展学校数学教师队伍，以此为切入点带动全体教师的整体素质提升。由此，学校开启了新的以"同课异构"课例研修为载体的校本研修之路。

一、确定基本理念，明确研修思路

让每位学生享受良好的数学教育，既是学生成长的必然需求，又是数学课程标准的基本理念和党的教育方针对教师的基本要求。因此，我们将校本研修的基本理念确定为：在情润教育理念的指导下，发挥团队优势，尊重师生，为促进他们终身发展奠定坚实的基础，整体提升学校教育教学质量。研修方向明确后，结合学校教师发展实际，确定研修思路为：唤醒激励发展意识—培养自我研修能力—发挥团队互助精神—坚持专家引领方向—强化实践反思策略。

二、优质资源做保障，多项机制促提升

为保障数学团队校本研修的顺利开展，学校建立并完善了一系列管理机制。

（一）资源管理机制

校内优质资源、吴正宪老师及优秀教师团队的专业资源都是学校资源机制的保障。学校建校数十年来，一代代教师勇于探索，涌现出 3 名特级教师及一批批学科骨干和带头人，他们都是学校发展的宝贵资源。

区教研室是我们学校发展的重要资源，每学期的教研活动，学校邀请区教研员走进学校指导教师的日常研修，给教师增添动力。

多年来，全国著名特级教师吴正宪老师探索教师发展之路，积累了丰富的经验，她的"为儿童提供好吃又有营养的数学"，"从数学教学走向数学教育"等教育思想深深影响着每位教师。借助吴老师及其团队的优质资源，为教师们搭建了高水准的研修平台。

（二）团队管理机制

为保障研修实效，学校成立了"大兴二小数学教师研修团队"，我为研修项目总负责人。全国数学教育专家吴正宪老师，北京市特级教师张秋爽老师组织协调其团队成员送课、送讲座，对大兴二小教师进行专业引领；原吴正宪小学数学教师工作站大兴分站站长、现大兴区第二小学教师发展学会会长、北京市特级教师姜丽民老师为大兴二小数学团队指导专家，负责设计、指导教师的研修实践；学校教导处负责组织研修计划的实施与后续工作的跟进。学校数学学科带头人和骨干教师为大兴二小数学团队核心组成员，分组负责并参与每次研修活动。

（三）时间管理机制

研修时间和形式的安排除随时随机研修外，还采取大小教研相结合的方式。隔周一次的小教研请老教师发展协会的教师参与；每周三定为以组或学段为单位开展的大教研，由姜丽民老师具体指导，每个学段的教师全程参与；每月安排一次与吴老师团队成员的同课异构。时间管理机制的确立，组本教研、大小团队教研等研修方式的有机结合，有利于取得良好的研修效果。

三、实事求是定策略，全面研修提技能

依据学校数学教师的发展情况，我们将研修重点聚焦在理论学习和课堂教学上，研修策略主要为"名师引领、骨干辐射、专题讲座、读书交流、课例研修、一课多上、课后访谈、现场交流、阶段交流、撰写书籍"。

（一）名师引领

吴正宪老师及团队成员来自北京市 16 个区各学校最优秀的教师，具备高超的专业水平，有着丰富的教学经验和独特的教学风格。学校充分利用这些名师资源引领教师发展。

（二）骨干辐射

学校现有数学骨干教师和学科带头人 11 名，他们先行实践，逐步带动 20 余名数学教师。随着活动影响力的扩大，还吸引了协作区学校、通州区、朝阳区、河北涿州手拉手校、内蒙古对口支援校以及本区周边学校等 20 多所学校教师的参与。

（三）专题讲座

吴老师及其团队名师的专业讲座从教学理论、课程标准的研究到知识系统的建立，从课堂实施策略到课改的新方向，系统地引领着教师。

（四）读书交流

学校每学期为教师提供专业书籍，并定期举办读书交流会，让每位教师都经历"在读书中实践、在实践中研修、在研修中思考、在思考中提升"的过程。

（五）课例研修

2016 年 9 月至今，我们共开展了 53 次吴正宪及其团队走进大兴二小同课异构系列研修活动，我们的做法是：精心选课，一是选取不同领域、不同年级的重点内容进行研修；二是教师认为有难度的课与吴老师团队进行同课异构。随着研修的深入，主题的选取也由单课研究过渡到主题研究，并随着课改的实施最终定位为大单元主题研究。

（六）一课多上

同一教学内容，教师在不同的班级以不同的教学思路，采取不同的策略

上课。一是研究学生的认知规律；二是研究教学策略的有效性；三是促进教师对教学内容更深入地领会；四是反复磨砺，促进教师成长。

（七）课后访谈

秉承吴老师团队的研修策略，坚持从访谈中反思教学效果，改进教师的教学工作。每节课后，都用不同形式对学生进行访谈，促进教师研修意识和研修能力的提升。

（八）现场交流

每次研修课后，上课教师积极反思自己的教学方法，参与活动的教师畅谈自己的想法。尤其是与吴老师团队教师同课异构后，现场的教师们更是深入思考，积极交流。

（九）阶段交流

每学期研修活动结束后，让教师沉淀自己的研修所思、所获是学校始终坚持的重要策略。吴正宪老师、姜老师、学校领导干部和所有数学教师一同认真听取各组教师代表主题明确的研修论坛发言，一同享受研修的快乐。

（十）撰写书籍

在吴老师、张秋爽老师、姜丽民老师的大力支持下，我们用五年多的时间组织教师撰写了 3 本书，144 万字。教师们由只会做、说不好，向会思考、上好课、进行专业表达的方向发展。

四、实践历练见实效，形成文化促发展

在已成为新常态的同课异构校本研修活动中，每个教师都付出并收获着，都悄然发生着变化。教师们感悟到：读懂课标、读懂教材、读懂学生才能实施有效教学；抓住知识的本质进行教学，才能促进学生思维的发展；遵循学生的认知特点和发展规律，才能构建符合学生的数学课堂。同课异构活动改变了教师的教学行为，备课也发生了变化，教学设计不再是一招一式，而是注重知识间的联系，研究如何引导学生深度学习。

同课异构活动使大兴二小逐渐形成自己的研修文化，即在传承中发展，在合作中创新，在实践中积累。

数学团队的同课异构校本研修，带动了语文、英语等学科教师的发展，她们秉承数学团队的研修方式并形成了多个研修团队。同时，校本研修活动

也为手拉手校、协作区校、一三一五工程校的干部教师们提供了研修平台。

辐射带动共发展，整体提升显初心。让每个干部都有发展的舞台，让每位教师的专业能力都有所提升，让每个学生得到全面和谐的发展，让与我校建立研修联系的教师投入深入研修中是我们的初心。

5年多的研修历程，5年多的经验积累浓缩在《在校本研修中实现教师专业进步》书中。在此特别感谢吴老师及其团队教师的悉心指导，感谢姜丽民老师的辛苦付出，更感谢大兴二小数学人的专业追求和浓情奉献。

学然后知不足，研然后知路远。本学期，我们在延续"整体把握教材，强化单元备课、提高课堂实效"的基础上，强化落实"双减"工作精神，重点研究"精心设计作业，减轻学生课业负担"，继续坚持学习并实践吴老师"儿童数学教育思想"，继续开展研修活动，让校本研修惠及更多的教师与学生。"雄关漫道真如铁，而今迈步从头越"，我们将继续在校本研修的路上，团结协作砥砺前行！

> 2021年在学校数学团队区级研讨会上的汇报

凝心聚力　科学发展

各位领导、各位专家，大家上午好！欢迎来到大兴二小进行指导帮助。2021 年是建党 100 周年和"十四五"规划开局之年，大兴二小 2020 年 9 月到 2021 年 7 月的学年度，遵循"育人无价，以情加值"的核心价值观，以学生生命至上、健康至上、正直做人、认真做事的标准，要求教师和学生。本年度定为凝心聚力年。下面我们分两个部分向各位领导和专家汇报学校的工作。

一、教育两委 2021 年重点工作落实情况

（一）庆祝建党百年

依托区级展示活动，认真组织开展校级活动。如，京南杯经典诵读展示交流活动；假期"红领巾爱首都 献礼建党 100 年"主题实践活动，收集学生的优秀作品并推送学校公众号宣传；组织教师参与"留大兴家乡校园美景，展建党百年变化"摄影展，"红五月歌咏比赛"等。抓好党史学习教育，带领党员教师重点学习中国共产党成立以来发生的重大历史事件、有关方针政策、代表人物等。学校开展"中国红"主题实践课程，以"中国红"为主线将百年历史串联起来，将课内外学习、家庭学习、社会大课堂、综合实践活动等结合起来。

（二）师生共创文明城区

大兴二小师生在环境创设、制度规范、措施落实、档案齐全几方面，积极响应市区和教委的各项要求，在迎检中受到领导的高度认可。

（三）防疫情迎冬奥

2022年2月4日，北京冬奥会隆重开幕，做好疫情防控是首都人民对冬奥的最大贡献。疫情常态化防控已经是师生的共识，我校对各部门人员加强宣传教育，制度规范，督导细致认真。

二、本学年度教育教学工作落实情况和学校特色办学情况

在新时代的大兴二小，按照党的教育方针，以社会主义核心价值观为指导，坚持立德树人根本任务，坚持做好疫情常态化工作、"双减"工作，遵循"善教以能，立人怀志　乐教以情，育人有品"的办学理念，深化课堂教学改革，倡导"情润教育"，关注学生的全面发展、个性发展，把教育理念融入教育教学的全过程。教育教学工作中，教师是学校各项任务的主体实践者，是学校发展的原动力。因此，我们在"情润课程"体系的引领下，重视教育教学全过程管理，重视教师队伍的建设。从三方面汇报学校的重点工作、亮点工作。

（一）党建领航强意识

1. 依托学习载体，抓重点学习内容

本学年组织党员开展学习教育，以党的十九届五中全会精神、习近平新时代中国特色社会主义思想、《习近平谈治国理政》（第三卷）等为主要内容，通过召开座谈会、分享学习体会等方式互促互进，抓好党员教师理想信念教育。

2. 规范常规工作，抓重点任务落实

2021年初，学校党支部召开支委会，进一步明确党支部工作规范，严格工作流程，特别是"三重一大"事项、党员发展等工作；强化师德建设，组织评选师德标兵并召开师德宣讲会，会后将典型事迹推送学校公众号进行宣传报道，树立先进榜样，弘扬正能量；制订党风廉政工作计划，层层签订党风廉政责任书，利用每周班子会开展集体廉政谈话，并在重要时间节点做专门提醒。

3. 提高活动实效，抓重点教育契机

以"三会一课"和每月主题党日为重要契机，加强党员队伍建设。首先，以"党建与业务深度融合 同步助力学校发展"，"学习'课程思政'推进'三

全育人'"为主题，组织全体党员开展主题活动，带领党员教师学习理论文章《积极推进党建与业务深度融合》，为党员教师讲微党课《"课程思政"理念指导下的小学教育》。同时，结合领导干部走进年级听评课活动，关注各年级思政教师的课堂，并在课后与思政教师一同研讨，提出具体意见。其次，抓重点难点任务。在疫情防控期间，落实党员"双报到"，主动参与社区疫情防控工作，全体党员参与社区疫情防控达到200余人次。2020年9月份以来，积极响应在职党员回社区参与垃圾分类工作，党员教师普及垃圾分类知识，主动参加"桶前值守"。截至目前，全体党员教师参加"守桶护桶"工作共计300余人次。

（二）教研一体打基础

1. 扎实推进"双减"工作

为了贯彻落实教育部和市、区关于"减负"工作的有关文件精神，切实减轻学生的课业负担，进一步规范教育教学行为，全面推进素质教育，促进学生健康和谐地发展，我校结合学校实际，科学减负，做到"减负不减责任，减负不减质量"，真正把学生过重的课业负担减下来，以保证学生的健康成长。

措施包括：①强化教研组研修；②严格控制学生课内外作业量；③学生课后答疑辅导分层实施；④全员治理五项管理和全员参与课后服务。

我们认真梳理、学习、研读各类政策文件和会议精神，把文字落实到学校日常工作中，融入干部、教师和学生家长的教育思想中，从制定作息时间表、每班课后服务课表、学生社团课表，到教师年级组课后服务人员及课后延时人员安排，所有工作内容都充分考虑学校、教师和学生家长的实际需求和困难。课后答疑形式多样：有班级内集体作业答疑，有办公室教师等候答疑，有学校值班骨干教师巡视答疑，有为了困难学生设置的补习答疑。为了规范作业，我校教导处规定了每年级作业本使用种类和型号，学校统一设计定制了记作业本，每班教室黑板的右上侧统一设计为教师留作业处。为了上好"双师"课堂，每班准备了小话筒和单独摄像头。

2. 高效开展校本教研

具体措施是：①准确把握统编教材，提升教师专业素养。②提升数学团队研修理念，提高教师教学能力。③打造优秀的英语教师团队，构建高效课堂。④组建科学教师创新团队，精准把握课标。⑤其他学科稳步发展，提升教学质量。⑥充分发挥教研组的作用，做好日常课题研究。

3. 教学管理规范到位

为了使学校各级干部深入课堂了解学情，各年级教师的教学能力得到展示，我校开展领导干部走进课堂的教研活动，分别走进了六个年级。课前，各位领导检查教师备课本、学生作业；课后，领导干部与上课教师结合检查、上课情况进行研讨，提出优点以及改进意见。一周后，学校还将对问题点改进情况进行追踪，切实做到提高教学质量，不走过场。

现阶段，学生的视力水平呈下降趋势，为了保护学生的视力，根据上级文件精神，我校规定了班级大屏使用时间，每节课控制在 5~10 分钟，要求教师严格执行。

每天的早午自习检查，执勤干部按时到位，及时上交反馈表。教导处把反馈情况进行汇总，周一升旗仪式后在全校公布结果，表扬优点、指出问题、提出改进意见。在不断地坚持和改进中，学校早午自习秩序井然、学生学习时安静、踏实，诵读时全情投入。

我校按照教学计划定期检查教师的教学手册、教研组长手册、教师备课、学生作业等，通过检查，对暴露出的问题，学校教导处利用全体教师会进行反馈，做到师生明确要求、使用规范合理。

教导处开展"学生能力检测周""教学质量监控"等教学活动，尤其是学期末的"学生能力检测周"，由于设计全学科，检测内容多样、有趣，受到学生的广泛欢迎。在多项检测中表现优秀的学生，学校还颁发奖状，鼓励学生继续努力，学有所成。

教学评价事关教师绩效。学校要求档案室留存所有过程性材料，期末认真核实，对教师的各项成绩，做到打分公平、公正，做到教师有疑问，学校拿出事实说话。教师们认可学校教学部门的公信力。

教学全过程管理效果显著，课堂常规的培养得到完善。在市、区级教研活动中，教师、学生的良好表现都得到专家、领导的高度赞扬，学校整体教风、学风得到社会的广泛认可。在各年级家长会上，家长对学校教学管理、教师教学能力表示满意。

4. 教科研有机结合，提高课题研究实效性

（1）完成课题申报组织工作。经过评选，本年度我校两位教师的课题被推荐到市规划办进行评选，三名教师课题成功立项。

（2）组织课题的展示交流活动形式为：展示交流。我校宋聪影老师、高爱军老师的课题进行了阶段展示；张国敏老师的生命教育课题进行结题准备。

专家指导。请科研室的相关专家，走进课题组，根据我校课题研究的实际情况，对科研工作提出指导意见，教师收获颇丰。专题讲座。科研室多次组织讲座，学校组织教师积极参与科研培训，取得了一定效果。

（3）加强课题成果梳理。学校组织课题负责人，对平时的研究进行记录整理，以论文、案例、研究报告、课例等形式呈现。优秀的内容上报区科研室参加评选。2021年我校有7名教师科研论文获奖。其中，一等奖1人，二等奖1人，三等奖5人，成果颇丰。

（4）参加大兴区科研骨干教师的评选工作。

（三）德高行远引风尚

大兴二小为深入落实"立德树人"根本任务，做好爱国主义教育，夯实学生养成教育，发挥全员育人的教育功能，重细节、重实践，在本学年通过形式新颖的主题教育、社团活动和实践活动，增强学生的社会责任感、创新精神、实践能力，丰富情感体验，养成良好习惯，提升学生的核心素养。

1. 德育主题教育内涵丰富

（1）上好爱国主义教育第一课。

（2）切实做好学生的综合素质评价工作。

（3）围绕建校60周年庆祝活动，开展"我是二小人"系列活动，学生通过绘画、写作、书法等形式同贺学校建校60周年。为展示大兴二小办学实践成果，我校组织近500名学生参与的大型艺术展演活动，在前期的排练期间和最后的舞台展示中，学生不仅展示了自己的艺术才能，还在团队中懂得了合作和集体荣誉的重要，在训练中不断克服困难、完成任务，并在舞台上完美呈现。

（4）以"文明示范班"的评比落实养成教育。

（5）开展"三爱三节"主题教育。

（6）开展垃圾分类教育活动，为创城做出贡献。

（7）全面落实劳动教育。

（8）利用每周一的升旗仪式，通过各班学生的宣讲，对学生进行革命传统教育，国防英雄、防疫英雄、爱国科技专家成为学生的追星目标。

（9）开展民族团结、法制安全、心理健康等专题教育。

（10）童心向党，献礼建党百年活动。

（11）开展传统节日活动，传承中华优秀传统文化。

2. 促进班主任队伍建设

本学年班主任工作坊共活动 6 次，依托班主任工作坊创新班主任研修方式，通过特聘专家讲座、主题论坛、案例研讨等内容，开展班主任校本研修活动，提高班主任专业素质，推进一班一品建设。开学初开展的班主任基本功展示活动，我校平均年龄已达 44 岁的班主任队伍全员参与，每人撰写自己的带班育人方略和教育故事参加评选，骨干班主任起到了很好的模范带头作用。活动过程也是班主任教师历练和提高的过程。

学校每月定期召开班主任（辅导员）工作会议，每月的全体教师会学习《中小学德育工作指南》《北京市中小学养成教育三年行动计划》《新时代爱国主义教育实施纲要》的具体内容，结合我校情润教育理念，提升全校教师德育理论水平。指导教师抓好学生养成教育工作的细节，充分发挥全员育人的功能，促进学生的健康成长。

3. 做好家校协会合作研究

（1）引进教育资源，形成教育合力。我校参与了北师大家校协同教育课题的子课题"家校协同制度建设"的研究工作，在家校活动中不断完善制度建设。本学年重新修订了《大兴二小家长教师协会制度》，参与了课题组的现场指导活动。

（2）根据疫情防控要求，开展线上家长会活动。

4. 灵活开展社会大课堂实践活动

为了将社会实践活动与 10% 的学科活动相融合，各年级组织学科教师进行课程的整体设计，在实践活动中挖掘数学、语文、英语、科学等学科教育元素，将国家、地方和学校三级课程与社会大课堂进行有机结合，把社会资源有机地融入学校教育教学中，促进学校教育与社会教育的有机结合，让综合实践活动成为学校培育学生人文底蕴、科学精神、学会学习、实践创新等核心素养的有效实施途径。

5. 发挥少先队育人功能

（1）加强少先队基层组织建设。

（2）组建少先队强有力的小干部队伍，进行小干部的选拔和培训工作。

（3）开展"爱我中华 笃志力行"主题教育系列活动。

（4）"小手拉大手"志愿活动丰富多彩。

（5）辅导员培训跟上时代。

（6）红领巾阵地建设受到好评。

6. 扎实推进学校科技艺术及课外活动

以年级为单位，群体性课后活动丰富多彩。低年级开设课后跆拳道、韵律操和礼仪课程；中年级开设跆拳道、韵律操和科技小制作课程；高年级开设身体素质锻炼、韵律操和科技小制作课程，旨在提高学生的身体素质和科学素养。学校京剧社团、舞蹈社团、合唱社团、戏剧社团、科技社团、围棋社团、田径社团、篮球社团、足球社团、武术社团、儿童画社团，以及工艺美术社团等吸收了有特长的学生进行专业发展，丰富了学生的课余生活，提高了我校学生的整体素养。京剧《寒号鸟》获得第 25 届国家小梅花集体奖；在大兴区第九届舞蹈节上，我校舞蹈社团的作品《滑溜溜》获得一等奖；科技社团参加大兴区航模比赛和北京市的海模比赛。

2021 年，我们有收获，也有反思，存在以下问题和需要改进的地方。①教师因为年龄偏大，所以创新能力不强；②双减工作还需以研究的态度科学推进；③学生的多元需求学校不能充分满足；④教师的综合素养还有很大的提升空间；⑤校长及班子成员的工作能力和水平还要向区内和市里高标准学校学习。每一次的检查和督导，都是检验学校各项工作是否落实五育并举和教育方针达成度的契机，我们诚恳地希望各位领导和专家为大兴二小指出优点和不足，促进我校今后有针对性地改进。

2021 年学校接受区级督导汇报发言

情润党建　筑牢初心　坚定信念

　　各位党员教师，中国共产党第二十次全国代表大会召开前，我以"情润党建 筑牢初心 坚定信念"为题，讲一次党课。

　　大兴二小党总支现有党员 95 名，在职党员 62 名，退休党员 33 名，下设 5 个党支部。党总支结合学校"育人无价 以情加值"的办学理念，确定了"一线五情十规范"的工作机制。一条主线即情润党建；五情即"才情、真情、激情、热情、温情"，用情润德、润教、润研、润心、润行；十规即大兴二小师德规范十知道。

　　我校把践行社会主义核心价值观贯穿学校教育的全过程，聚焦党建重点任务和教育发展的突出问题，以情润党建品牌为统领，扎实开展各项"党建＋"工作，激发党员干部、群众以饱满昂扬的精神状态助推教育工作的发展。学校"育人无价 以情加值"的办学理念也在党建品牌中得以体现，而且突出了学校情润教育是在党的领导下进行的，让党的大政方针、学校的办学理念与党建品牌有机融合。

一、党建教学两相融

　　学校党总支积极发挥党建引领作用，将党员作用发挥融入课程改革与课堂教学实践中，真正做到抓好党建促教学，提高教学强党建。

　　一是学校党总支书记、总支委员带头走进课堂，深入一线，以工作中的实际问题为切入点，改进各学科课堂教学实践。

　　二是从党员教师开展"党员献优课"，到全体教师开展"情润杯"教学大赛；从党员带头上公开课，到"人人一堂公开课"活动，活动向教研组拓展，以点带面，形成良好的示范效应。

三是开发红色课程，推动红色教育从"全覆盖"走向"全面加强"。2021年，恰逢建党百年，学校以"中国红"主题实践课程为抓手，全学科共同参与，组织学生看红色电影，读红色故事，唱红色歌曲，将红色文化融入学科教学。看着学生声情并茂地演绎着《红星歌》，绘制的"红领巾心向党"手抄报等，你会感到党史教育的成果已深深融入他们的骨子里。

二、党建德育两相融

学校党总支积极引导，将思想政治教育融入师德师风与学生德育教育，充分发挥情润党建对工会、少先队的示范引领作用。

（一）榜样领航，培养"崇德"好教师

学校党总支和工会每年联合开展"三十佳"评选活动，即：十佳班主任、十佳学科教师和十佳师德标兵。同时，将先进个人的事迹通过宣讲、表彰、网络等形式进行广泛宣传，逐渐形成"榜样在身边，人人可学做"的局面。榜样把人生的目标变成鲜活的形象，让优良品格和高尚人格在校园里生动展现出来。

（二）德育润心，培养"向善"好少年

学校党总支以党建带队建，发挥引领作用。一是开展特定仪式活动，体现思想引领：入学典礼，开蒙启智；入队第一课，致敬红领巾；二是精心设计主题活动，传承党的优良传统：开展"铭记光辉历史　传承红色精神"和"请党放心　强国有我"主题队日等活动；三是开展多种形式的节日活动，集中进行爱党爱国主题教育：孝亲敬老，走进共建社区慰问老党员；组建红领巾志愿服务队，开展"学雷锋"活动等，教育学生成为社会主义核心价值观的践行者。

三、党建科研两相融

为谋求学校教育科研质量的进一步提升，促进教师走专业化发展之路，学校党总支积极倡导党员干部参与课题研究，同时，积极引导教科研骨干、学科带头人中的优秀分子向党组织靠拢，将其培养成党员。

学校七位党总支委员中，两位主持国家级课题，1 位主持市级课题，1 位主持区级课题，3 位参与区级课题，充分发挥了党员领导干部的示范引领作用。学校第二党支部书记依托自身科研背景，发挥作为科研主任的学术特长，引导党员教师在工作中运用所学知识，将学习成果转化为科研工作的思路、促进工作的措施以及解决问题的能力。此外，党总支还组织党员教师开展"党建＋科研"融合学习讨论活动，从"研究什么、如何研究、研究方法"几个方面对党员教师进行培训，不断提高科研能力。目前，我校党员教师队伍中，有 38 位承担或参与一项或多项课题研究，占比近 60%。

学校党总支将组织活动开展融入中心工作与阶段重点任务，将联系服务群众融入课后服务与社区报到之中。在新冠肺炎疫情发生的特殊时期，党员教师主动亮身份，冲在抗击疫情的第一线，坚守责任，站好疫情防控的先锋岗，正确引导，做好疫情防控的宣传员。天宫院疫情初起，身处疫情中心的王新、张敏两位党员教师就地参与社区值守，获得社区的表扬。垃圾分类，全市重点工作，学校党员教师再次义无反顾地走在前列。"双减"政策出台以后，学校积极开展课后服务、答疑解惑，我校全体党员教师均报名参加，又一次走在落实政策的前列。

退休党支部的党员教师占全校党员人数的 1/3。他们退休不退志，持续发挥自身余热，成为学校党总支发挥战斗堡垒作用的宝贵财富。学校成立教师发展学会，聘请多位退休党员担任指导教师，姜丽民、王爱荣、马月兰等一大批优秀教师活跃在教学一线，积极指导、帮助年轻教师，有效促进了在职教师的成长与发展。2020 年疫情防控期间，退休党员在支部群内互相鼓励、捐款献爱心，多位教师捐款上千元；李润森老师还连续发表抗疫文章，传递老党员的暖暖情谊。

二小的党员是旗帜，先锋作用突出。党建是保障，引领各项工作的科学开展。

学校党建工作，充分发挥辐射带动作用，学校干部创业氛围良好，创新力得到激发，发展潜力得到进一步挖掘，党建与发展"两不误，两促进"。同时，学校党建与周边社区互相带动，共荣共促。

让我们用实际行动迎接党的二十大的胜利召开，情润党建，筑牢初心，坚定信念，为党和人民奉献一切。

2021 年全体党员大会上讲党课

贯彻落实廉洁准则
争当廉洁从教表率

　　为贯彻落实《中国共产党廉洁自律准则》，切实加强对党员干部的反腐倡廉教育，提高新形势下反腐倡廉教育的针对性和实效性，按照我校党风党纪学习宣传教育活动的安排，对党员教师进行以"增强制度意识 争做执行表率"为主题的廉政教育，切实提高党员教师的思想政治素质，增强防腐拒变的能力。今天，我讲的题目是"贯彻落实廉洁准则 争当廉洁从教表率"。

　　随着新时期党建工作特别是反腐倡廉建设的不断深入，党中央审时度势，于2015年10月印发了《中国共产党廉洁自律准则》（下称《廉洁准则》）。这是党中央根据党的十八大以来全面从严治党新的实践需要，在2010年《中国共产党党员领导干部廉洁从政若干准则》的基础上修订而成的。准则内容为：中国共产党全体党员和各级党员领导干部必须坚定共产主义理想和中国特色社会主义信念，必须坚持全心全意为人民服务的根本宗旨，必须继承发扬党的优良传统和作风，必须自觉培养高尚的道德情操，努力弘扬中华民族传统美德，廉洁自律，接受监督，永葆党的先进性和纯洁性。其中党员廉洁自律规范包括：①坚持公私分明，先公后私，克己奉公。②坚持崇廉拒腐，清白做人，干净做事。③坚持尚俭戒奢，艰苦朴素，勤俭节约。④坚持吃苦在前，享受在后，甘于奉献。党员领导干部廉洁自律规范包括：①廉洁从政，自觉保持人民公仆本色。②廉洁用权，自觉维护人民根本利益。③廉洁修身，自觉提升思想道德境界。④廉洁齐家，自觉带头树立良好家风。《廉洁准则》的发布和实施，在对党员领导干部违纪行为惩处的同时，更重要的是警示、教育和保护，最大程度地使党员领导干部少违纪违法甚至是不违纪违法。只要我们自觉遵守《廉洁准则》的各项规定，时刻保持高度警惕，始终做到警钟长鸣，就一定能够保证自己的"安全"。我们作为教育工作者，肩负的是育人的重任，一直以来"一支粉笔，两袖清风，三尺讲台"已经成了教师的生动写照。说到反腐倡廉，也许有些同志会认为很难与教师联系到一起，但是仔细想想，作为一名党员教师，爱岗敬业，为人师表，热爱学生，真诚平等地对待每位学生，教育好每个学生，使他们能够从小懂得崇尚洁身自爱，就需要有一颗廉洁从教之心。

在平时的教育教学工作中不难发现，学生和学生之间存在很大的差异，一是学生个体上的差异，有个性活泼的、文静的、内向的、外向的；学习认真的、马虎的、成绩优异的、一般的，甚至有放弃学习，等等，所有这些差异都会引起教师感情上的偏颇。二是学生家庭背景上的差异，有的是普通市民的孩子，有的是政府官员的孩子，有的是外来民工的孩子，有的是企业主的孩子，有的孩子打扮得很时尚，有的孩子穿着很朴素，等等，这些不同家庭的背景下，有着经济和文化层次上的差异，这些会引起教师认识上的偏颇。我们是不是用"一把尺子"平等地对待每个孩子呢？举几个最现实的例子，有的家长为了让孩子能够做班干部，会找到各种各样的关系去与教师打招呼；有的家长为了孩子能得到教师的特殊关照，可能会找到关系去说情，甚至请客送礼；有的教师因为接受了家长的吃请，不得不按家长的意思办事；有的教师为了点蝇头小利，向学生推销资料，摊派辅导用书；有的教师采取各种隐蔽方式办辅导班收取补课费，搞有偿家教，并教唆引诱甚至强迫学生参加所谓的补习班，若不参加平时就会给脸色看；家长来学校了解学生的情况，有的教师态度冷漠，甚至有的教师动辄就把家长叫到学校进行训斥；有的教师很会"变脸"，对有权能办私事的家长有求必应，对无权无势的家长视而不见；有的教师歧视差生，有体罚和变相体罚学生的行为；有的干部不按权限和程序办事，超出职责范围乱当家、乱说话，等等，这些都是非常现实而不可回避的问题，是与《廉洁准则》的要求相悖的。由此可见，社会在不断地进步与发展的同时仍然充斥着各种诱惑，人的思想和观念难免会受到金钱和利益的诱惑与腐蚀，我们随时都有可能被"糖衣炮弹"打倒，廉洁自律的防线也随时都会被突破，这能说反腐倡廉离我们很遥远吗？

同志们，反腐莫论事大小，倡廉不在位高低。自然界有阳光明媚也有风雨交加，社会生活中有光明也有黑暗，但是无论历史如何变迁，无论时代怎样发展，廉洁清正永远是时代的呼唤，勤政廉政永远是人民的期盼。作为教师，《中小学教师职业道德规范》就是我们的行为准则，《廉洁准则》同样关系到每个人，我们要以高度的责任心和神圣的使命感主动融入反腐倡廉工作中，始终保持共产党人的高尚情操和政治本色，树立新时期人民教师的良好形象。

那么，我们该如何做到廉洁从教呢？

首先，应该做到平等对待每个学生，决不能因学生的性别、智力、家庭条件等差异而采取不同的态度和情感模式。我们在教育过程中，必须考虑到这些差异，为的是因材施教，但更重要的是要明确，我们同时面对的是独立的个体，他们都是你的学生，都应该得到你应有的关怀和教导，这一点是没有差异的。教师从教的公正性，可以充分反映出教师人格的崇高性。具体体现在对每个学生都能给予全心全意的关注，尤其体现在对待后进生、学习困难学生时，一有爱心；二有信心；三有耐心。

其次，一定要爱岗敬业，将自己的教学才能奉献给学校，奉献给课堂，奉献给学生，也需要有廉洁从教之心。关于个别教师办辅导班的问题，学校一直持反对态度，并明令禁止教师授意学生参加辅导班和动员学生参加自己办的辅导班（含节假日）等有偿家教行为。这种行为与《廉洁准则》第二条规定："禁止私自从事营利性活动"，《中小学教师职业道德规范》第七条规定："廉洁从教。坚守高尚情操，发扬奉献精神，自觉抵制社会不良风气影响。不利用职责之便谋取私利"完全相悖，不仅损害了教师队伍的良好形象，而且干扰了学校正常的教学秩序。我们内行都清楚，学生参加辅导班，不仅不能从根本上解决提高学习成绩的问题，而且容易让学生过于依赖课外辅导，渐渐脱离课堂，还会影响其他学科的学习。这不利于对学生学习主动性和创造性的培养，不利于学生身心的健康发展，同时还给学生家庭带来不必要的经济负担。现在，社会上盛行办辅导班，搞有偿家教，似乎归结起来就是有需要就有市场。作为一名教师，工作之余，为他人辅导，付出了时间、精力和智慧，得到物质或者金钱上的回报，看起来天经地义，无可厚非，但是仔细想想，个别教师办辅导班、搞有偿家教，完全是把个人利益放在眼前，一个目的就是为了赚钱，这样做就是损害教师的职业形象。教师的神圣职责就是教书育人，要求教师应全身心地投入教育教学工作中，全心全意地教育好每个孩子，其中包括对学生的培优补差。把分内之事当作分外之事做如何能够自圆其说呢？相反，我们的教师当中也有利用休息时间无偿辅导学生，家长打电话到学校感谢的吗？这两种做法是不是反映出两种不同的思想境界呢？可以说，教育工作是一种特殊的工作，不能完全地以7小时或者8小时坐班衡量教师的工作量，也不能完全用学生的考试成绩评价教师的职业道德水平，因此，决定了教师必须具备应有的爱岗敬业和无私奉献精神。

教师的职业神圣而光荣，担负着教育下一代的艰巨任务，教师的人格对学生的学习、生活、为人、处世等方面都具有潜移默化的熏陶作用，直接影响学生身心的发展。教师只有廉洁从教，才能真正做到爱岗敬业，真正为人师表，才能把真、善、美的种子播撒在学生的心田，并使之"开花""结果"。

其一，"知"与"行"相结合。思想是行动的先导，贯彻落实《廉洁准则》，首先必须抓好对《廉洁准则》的学习，要逐条逐句地学，全面、透彻、深入地领会其精神实质，筑牢拒腐防变的思想防线。知道该做什么，不该做什么还不够，而必须将形成的理念用于实践，做到知行合一，在工作、生活和社会交往中自觉践行。要强化信念意识，做政治上的明白人，心中要始终清楚什么人可交，什么人不可交；什么事可做，什么事不可做。在全国纪检监察机关查处的违纪案件中，很多人都是因为"交友"不慎出了问题，教训不可谓不深刻。我们党员干部也是人，也有自己的亲朋和同学，也有属于自己的感情空间。但是，我们结交朋友，必须从保持清正廉洁的角度出发，把握好交友的度。尤其是当地位的变化，而出现的一些新朋友，我们更要留意，认真分析对方是不是别有用心、另有所求，是不是看中了我们手中的权力，如果是这样，我们就要当心了。因此，既不能排斥正常、健康的人际交往，也不能滥交朋友，更不能把朋友关系异化为酒肉关系、金钱关系和交换关系，在人情交往中要做到既讲感情又不徇私情。要多与品行端正、正直坦诚、敢说真话、直言不讳的人交朋友，形成事业上相互支持，感情上和谐融洽的人际关系。

其二，"自律"与"他律"相结合。一定要守住第一道防线，有一个历史故事：一个古代官员乘轿进城遇雨，看到一个轿夫穿了双新鞋，开始时小心翼翼地只挑干净的路面走，后来轿夫一不小心，踩进泥水坑里，由此便"不复顾惜"了。他把这件事讲给另一个官员听，那个官员很受震撼，表示"终身不敢忘"。这个故事说明，人一旦"踩进泥水坑"，心里往往就放松了戒备。反正鞋已经脏了，一次是脏，两次也是脏，于是便有了惯性，从此便"不复顾惜"了。我们有些党员干部也是这样，他们开始在工作中兢兢业业，能够做到清正廉洁，偶然一不小心踩进"泥坑"，就从此放弃了自己的操守，破罐子破摔了。我们如果不能正确地对待诱惑，唯利是图、见利忘义、利令智昏，势必走上以权谋私的邪路，最终误党、伤国、损民、害己。所以要经常用

《廉洁准则》为自己的行为敲警钟，不断强化自律意识，做清正廉洁的带头人，管住自己的脑，不该想的不要想；管住自己的眼，不该看的不要看；管住自己的嘴，不该吃的不要吃；管住自己的手，不该拿的不要拿；管住自己的腿，不该去的不要去。要像古人那样"一日三省吾身"，自重、自省、自尊、自励，正确对待个人利益，自觉防止私欲膨胀；要把学生的利益放在首位，时刻关心他们的身心健康发展。这样才能做到"绝非分之想，拒非分之物"，不为物欲所惑，不为人情所累。

其三，要"勤小物，治其微"。能否正确对待小事，能否防微杜渐，是共产党员的基本修养问题。千里之堤，溃于蚁穴，一个细节能成就一个人，也能毁掉一个人。有个寓言说，有个偷针者和偷牛者一起被游街，偷针者感到委屈，发牢骚说："我只偷了一根针，为什么和盗牛贼一起游街，太不公平了！"盗牛者对他说："别说了，我走到这一步也是从偷针开始的。"这个故事告诉我们，任何事物都是由小变大，由量变到质变的。一个人不可能一夜之间成为腐败分子，其走向腐化堕落多是从不注意小事开始的。千里之堤，溃于蚁穴，小洞不补，大洞吃苦，都是至理名言，一定要牢记。《廉洁准则》从细微处对党员干部的日常执政行为进行了规范，要求广大党员要"勿以恶小而为之"，从小事做起，从细微处注意，管好自己的"癖好"，管好身边人的"要求"。领导干部一定要谨记，越是小事越要留心，越是独处越要小心，越是顺境越要清醒，耐得住寂寞，稳得住心神，管得住手脚，抵得住诱惑，经得住考验。

我们要增强制度意识，打牢遵纪守法思想基础，把制度转化为自己的行为准则。制度面前没有特权、制度约束没有例外，每个人都要学习制度、严格执行制度、自觉维护制度，只有这样各项工作和事业才能顺利发展，反腐倡廉建设才能不断取得新的成效。要自觉地把自己的一言一行置于组织和群众的监督之下，热情欢迎监督，自觉接受监督，主动开展监督，对组织和群众的意见要本着"有则改之，无则加勉"的态度，以外力促使自己内在廉政细胞的生长。我们要从廉洁自律做起，严格要求自己，加强自我约束，自觉接受党内外各种形式的监督，加强自我警示，做到警钟长鸣，提高"思廉、践廉"自觉性。

同志们，教师是学生增长知识和思想进步的导师，教师的一言一行，都会对学生产生影响，让我们以《廉洁准则》为准绳，怀着对学生负责，对家长负责，对社会负责的态度，从现在做起，从自我做起，继续发扬"捧着一颗心来，不带半棵草去"的优良传统，净化校园这块纯净的圣土，共同维护教师廉洁奉献的师德操守，为我们的民族撑起傲岸的脊梁！这是我们应该做到的，也是我们一定能够做到的！

2020 年学校廉洁教育大会上的发言

大兴区第二小学
延期开学工作亮点

　　因为疫情，全市小学生延期开学，学校本着"停课不停学""延期也成长"的工作思路，结合学校工作实际，满足学生居家成长需要，制定了一系列规范，创新了一系列育人细节，得到了广大师生家长的一致认可。

一、学校延期开学工作亮点

（一）制定学习建议单，协助学生适当安排"规定动作"

　　大兴二小按年级为学生制定了校级、年级和班级的"学习建议单"，为学生提供一个学习的范本。在此基础上建议学生和家长共同制定一个学生居家学习生活方案："作息时间表"和"课程表"把一日生活、学习安排好。建议孩子每天读读书、背背诗、练练字、弹弹琴，做自己喜欢的手工小制作和喜欢的体育运动，帮爸爸妈妈做些力所能及的家务活，等等。让学会有效分配学习时间，丰富学习方式，培养和锻炼孩子的自主管理、自主计划、自主学习、自主监督、自主评价，培养积极生活的意识与能力。

（二）守护学生的身心健康，助力找回集体归属感

　　学校考虑到疫情带来的人与人之间的空间隔离，学生的内心也会泛起无聊、恐慌甚至焦虑，倡导教师适当地给学生做些心理辅导，引导学生如何面对现实，看到居家自主学习的优势。学校给学生提供了一些绘本、图画书、宣传片、纪录片等，同时，建议家长和孩子一起阅读陕西师范大学出版社出版的《心理健康指导手册助力打赢阻疫战》。

为了有效加强家校联系，班主任为家长及本年级任课教师发一份联系表。同时每周班主任都会主动与每位家长联系，及时了解学生在家的学习、生活和健康状况，及时准确地上报学生信息。

通过开通班级空间，让学生、教师出镜，架起空中班级，在线上教师与学生互动，学生与学生互动。让师生能通过视频见面，然后教师发起一些活动让全班同学参与。如：在家里学习防控知识和锻炼身体、探究实践等活动，有可能的话搞一些网上亲子游戏、心理游戏辅导、闯关进阶学习的内容等，让学生感受到班级还在，教师还在，而且时时都在，让学生有集体归属感。

（三）侧重综合实践，关注疫情防控和自主学习

让这场"战疫"成为学生的"生活大课"。这次疫情，给学生上了一堂生活大课。在这场没有硝烟的战争中，我们看到了无数人的努力，理解了责任与担当的意义；看到了人生百态，也体会到人性终极的美好；看到科技和大数据的力量，也体会到了决策的关键。这是书本无法教给我们的。学校建议每个年级设计适合本年级学生认知特点、年龄特点的"项目"，做"项目式学习"，让语文、数学、英语、科学、道德与法治、音乐、体育、美术等学科共同参与进来，共同完成与此次疫情防控相关的学科联动式的综合性实践内容。

学校教师根据北京市教委提供的网上学习资料，为学生提供可选择的内容，以便学生及家长根据学生学习的具体情况进行自主选择。比如，统编教材1～9年级语文必背古诗文142篇，陪学生看的8部高分纪录片和电影（附播放链接），英语绘本阅读书单，陕西师范大学出版社出版的《心理健康指导手册》。

二、教师特色做法

（一）班主任纷纷变身"班主播"

在这样特殊的日子里，班主任是学校与家庭沟通的桥梁。居家学习中学生的学习、生活、兴趣爱好、体育锻炼、德智体美劳、安全、心理健康……都是班主任要权衡、要关注、要沟通的。诸多问题集中在一起，就到了发挥班主任的智慧的时候了，各个班主任都以班主播的形式闪亮登场。

在这次"特殊的开学"来临之际，六年级5班的班主任田雪梅将班主任的诸多事务做了归纳整理，将任务化繁为简，表述简明直接，为了避免家长

理解上的偏颇，将所有信息中重要的内容用红笔标注，并做了相应的解释说明，整理成文档发给家长，以便保存；建立了和学生的无障碍沟通渠道"快乐的学生群"，减轻了家长在学生延期开学的时间里信息传递上的困难。和学生有了直线的沟通方式，并且各科教师都在群里，学生可以询问自己每天遇到的学习问题、生活问题，对于这个提议，家长们全员通过。

现在群里的信息不计其数。田雪梅像上学时每天的晨检一样，录下了今天的"温馨提示"。学生看到老师发的视频，特别感兴趣，感觉特别亲切。

同时，开展分组视频家访。将班级 40 人分成 5 组，周一至周五每天和八名同学进行视频通话。不为监管，不是检查，就是单纯地见一面，师生会分享生活上的新技能，讨论着最想做的事。利用"头脑风暴"让居家生活更有创意。放松下来的心情，让学生期待着下一次上线。

（二）语文学科突出线下指导性和操作性

为了保证学生能够充实地度过居家学习，大兴二小收集学生的调查问卷，了解学生在家情况。一年级的教师在学校领导的指导下，根据各班调查台账的具体内容，在微信群中多次沟通、汇总，了解了本年级 239 名学生的基本情况，经过对西校区一年级学生调查台案的分析，总结出：家中无人看护学生 1 人，由父母看护 118 人；由老人看护 120 人。

由此可见，本年级学生由老人看护的比例约为 50%，而自我管理的调查结果为：较强的学生 22 人，占比约为 9%；一般能力的 167 人，占比 70%；能力较弱的 50 人，占比约 21%。

结合调查结果以及根据一年级学生认知能力有限、自我约束力差的特点，以及家长关注的电脑的操作难度的问题和依赖性问题，一年级语文学科的教师多次召开语音会议，共同商讨，针对一年级学生的具体情况制定任务单。针对无人看护的学生，班主任多次与家长沟通学习任务的可操作性。

首先，利用现有资源，摆脱长时间使用电子产品。电子产品主要用于发布任务内容，简单指导或者线上"老师您听我来说"活动。任务内容的完成主要还是依靠学生手中现有资源或者家庭环境，比如，"我是识字小侦探"活动，让学生发现家中物品上的生字，简单、可操作性强，激发学生的兴趣。"自主识字要坚持"活动，利用学生手里现有的自主识字卡片，通过折纸识字，既锻炼了动手能力也增加了识字量。

其次，协助学生计划时间，培养时间观念。很多学生认为，在家的时间是自由的，尤其一年级的学生，还没有养成规划时间的习惯，有的学生比较慢条斯理，有的学生动作风风火火，有的学生早上想要锻炼，有的学生根据家长上班时间吃早餐……由此，为了帮助学生更充实、劳逸结合地度过这个特殊时期，同时培养学生的时间观念，一年级语文教师商讨决定让学生做自己时间的小主人，根据自己的具体情况设计作息时间表。

最后，学生自主学习为主，教师激励护驾。不管是练字、识字还是阅读，语文任务主张让学生自主练习、自主阅读。针对一年级学生自律、自觉性不高的情况，教师制定了"老师你听我来说"的环节，即请学生用几句话简单说一说目前的生活状态。既能锻炼学生的表达能力，也让教师能够及时了解学生在家的学习、生活、心理情况与状态。如果学生有不明白的问题，教师也能及时进行解答。教师能够根据具体情况进行及时的鼓励、肯定与指导。

三、学生及家长反馈

六年级 5 班学生唐浚皓说："我觉得这样视频的开学通知比文字叙述更好一些。首先能看见老师让我们觉得比较亲切。其次视频中的老师使用的语言更加口语化，让我们更能明白老师对于各项学习任务的安排！"唐浚皓的妈妈也表示："我认为在线视频的开学通知是利用现代科技手段缩短空间距离，清晰的图像和温柔的语言能让孩子仿佛回到教室，比起大段生硬的文字通知，更让孩子有种身临其境的感觉。"

一年级学生杨刚的妈妈向老师致谢："我们作为家长认为语文任务很好！都比较简单，现在我和孩子爸爸都上班了，孩子在家里要是真用电脑手机什么的，我还真怕奶奶管不住孩子，让孩子一直玩游戏。今天第一天孩子挺感兴趣的，一直在家里找包装袋认字呢。而且通过视频我们了解到自己还没做计划，马上补上！有老师督促孩子学习才自觉了！感谢老师！"

2020 年区级线上交流学生延迟开学的发言

聚焦改革深化研究
提高课堂教学质量

"百年大计，教育为本。教育发展，教师为本。"在新课程改革的背景下，教师是实施新课程改革的主体力量，教师的专业素养直接影响着新课程改革的发展。因此，学校教学管理的第一要务就是重视教师的成长与发展，只有通过提高教师专业素养，帮助教师专业成长，让教师理解并接受新课程的教育理念，并积极而有创造性地落实到具体教学行动中，才能让理想中的课程转变为现实中的课程，才能实现新课程改革的目标，才能让学生真正成为新课程的受益者。

为此，我校深入学习党的十九大精神，贯彻落实教育部关于基础教育综合改革的一系列部署，全面深化教育改革，树立科学的教育质量观，强化教师队伍基础作用，在严格按照国家课程方案和课程标准实施教学的基础上，充分发挥教师的主导作用，为全面培养学生核心素养，促进学生发展，提升基础教育质量，办好人民满意的教育而不懈努力。

一、研究课程教材，改进课堂教学

"忽如一夜春风来，千树万树梨花开"，课程教材及课堂教学改革的春风吹遍了大地。随着课堂教学改革的逐步深入，教师的教学观念、教学方式发生着深刻的变化。

（一）统编教材全面铺开，大力推进学科改革

带着满满的期待与好奇迎来了统编教材。这套教材强调立德树人、贴近学生的生活，体现了课改新理念以及在以往各个版本基础上守正创新等特点。

教师急需理解新教材体现的观念、意图和想法，用好新教材，完善新教材。

为了让每位教师更快、更有效地了解教材、运用教材，我校组织全体语文教师参加了各种培训学习。如：2017年和2018年先后邀请特级教师武琼、市级专家刘文江到校讲座，2019年7月全体语文教师参加区级统编教材培训，8月底全员再次参与现场和网络教材培训，并且邀请国家级专家李怀源到校培训教师，使大家明确了方向，把握了教材的编写特点和理念。实践中，学校还依托"张艳清语文名师工作室""大兴二小教师发展学会"及区教研员教师的指导，深入课堂及各项教学改革中，群体参与共同研究，做到全覆盖、真落实，切实提高教师的教学水平。

（二）梳理教材，把握知识体系

每本教材的编写都有很强的系统性，知识积累和训练都是由易到难循序渐进呈螺旋式上升的。教师把握住了教材知识的系统性，就等于抓住了教材的根本。所以，教师教学水平的提高，很大程度上有赖于教师能够深入地理解学科特点、知识体系，具备统领教材的意识和能力，而不能仅限于了解某一学段或某一册书的知识。为此，我校英语教师和数学教师对小学六年教材中的知识点进行了全面梳理，既有助于知识的连贯性，也让每位任课教师对学生学情了如指掌，授课时知道哪些知识学生已经知晓，哪些知识应该讲、应讲透、应拓展、应延伸，上课就不会无所适从，而是有的放矢，讲为学用。

二、开展校本教研，打造教师队伍

新课程改革背景下，校本教研的目的是促进学校发展、教师发展和学生发展，强调学校是教学研究的基地，其最大的优势在于可以将理论与实践相结合，避免纸上谈兵。而理想精神要转化为实践还必须有良好的制度、机制为依托。

（一）专家引领，转变教师的教育观念

校本教研是一种理论指导下的实践性研究，理论指导、专家引领是校本教研得以深化发展的重要支撑。

在我校，学校"教师发展学会"及"张艳清语文名师工作室"一直发挥作用，同时还进一步借助特级教师吴正宪研究团队、区教研员团队的力量，开展每月一次全校大教研、每周一次校内教研以及每日的学科组教研。有了

专家的引领，教师传统的教学观念有了明显的转变，开始引导学生探索基于学科的课程综合化教学，开展研究型、合作式学习，从而激发了学生学习的积极性、自主性，提高了课堂效率。

（二）团队协作，营造浓厚的研究氛围

教研组是学校教育教学工作开展的基本单位，是做好常规教学以及各种研究活动的基础。学校在学期初召开年级主任、教研组长会议，布置本学期的相关工作。根据学校教学计划及本年级、本学科特点，教研组有针对性地认真制订各自的计划，安排教学进度、备课方式、研讨活动等具体工作，并认真落实。在教研组中，同组教师交流机会更多，研讨问题更聚焦，每位教师都可以拿出自己在课堂教学中遇到的困惑，请大家出主意、想办法。教师在多种形式的研讨中、在集体智慧下共同提升专业水平。

另外，我校还开展了每月一次的"灵润班主任工作坊"活动，从学生习惯养成、课堂常规方面起到推动课堂教学质量提升的作用。

（三）骨干先行，强化骨干教师示范作用

骨干教师不仅是一份荣誉，更是一份责任和义务。学校要带动整个教师队伍的发展，离不开骨干教师的示范引领。

我校从抓骨干教师着手，鼓励骨干教师积极开展校内外的研究课展示、交流活动，助力教师的层级发展。如数学团队同课异构活动、党员献优课、师带徒活动等均安排骨干教师上课，发挥骨干教师在本职工作中的带头作用，依托骨干教师本身的优势，发挥他们对周围的辐射影响作用，促进广大教师教育、教学能力的提高，推动学校教学质量的提升。

（四）整合资源，为教师搭建展示平台

我校整合一切可利用的资源为教师搭建展示平台，争取更多的展示机会。市区级研究课常做常新；与各兄弟学校建立手拉手关系，分享智慧，如协作区、一三一五项目、手拉手学校以及区域间的专题教学交流研讨活动。这些都为教师提供了不同形式的锻炼机会，搭建了更大的展示平台，在促进教师专业水平提升的同时，也使校本教研的形式更加新颖，内容更加丰富，范围更加广阔，为打造业务精湛的教师队伍打下良好的基础。

（五）系列活动，助力教师专业成长

对于教师的培养，需要用系列化活动达到全面促进其发展的目的。我校根据教委文件精神，举行了大兴二小助力教师成长提升工程系列活动。从制

定方案，到按计划开展全员参与的活动，包括教师基本功笔试大比武、课堂教学大比武、书法比赛等，再到最终的评价，全方位助力教师专业成长。

（六）提倡阅读，举办读书交流分享会

学校大力提倡广泛阅读，让书香满溢校园。学校为教师配备了种类丰富的读本，每学期开学初要求各位教师至少研读一本与本学科相关的教育书籍，鼓励教师阅读其他类型的读物，并在研读过程中进行实践，在实践基础上进行反思。每到期末，学校还会要求教师上交学习实践研究的体会，并举办形式多样的读书分享会。

三、开展课题研究，提升科研水平

孔子说，"学而不思则罔，思而不学则殆。"如果说孔子的话是针对学生学习而言的，那么，对于教师而言的，就是"教而不研则浅，研而不教则空"。

现代教学改革紧密依托于教学科研，因为教学活动是一项创造性劳动，只有当广大教师不断发挥创造精神，专注于创造性的教学研究之中，积极探索教学规律，教学改革才能走向成功。在教育教学过程中，只有不断激发教师的教学研究热情，大力倡导教学研究之风，支持、引导、帮助广大教师参与教学研究，为他们提供各种信息资源，组织教师就当前教学改革的重点和难点问题协同攻关，不断总结和推广优秀的科研成果，促使教师以课堂为教学研究的主阵地，通过科学研究不断更新教学内容，改革教学方法，应用新的教学技术和手段等。

我校多学科教师根据实际教学中遇到的突出问题展开研究，并积极申报课题。目前已有国家、市区级各学科的多个课题立项。如："中华优秀传统文化与语文课程资源融合研究""小学生整本书阅读课堂教学案例研究""基于互动反馈式课堂教学""指向中国学生'核心素养'的小学语文阅读教学实践研究""核心素养背景下开展移动终端英语阅读的探索"等课题。教师参与其中，并对研究过程中的点滴感悟、思考进行系统梳理，进而运用于课堂教学之中。在不断研究的过程中，教师在丰富自身教学理论与经验的基础上促进了教学工作的科学化。

正是有了丰富多彩且扎实有效的教科研活动，才使得我校学生学业成绩在区里名列前茅，综合素养得到极大提升。总之，我校一直努力营造一种让

学习成为需要，让研讨成为习惯，工作即研究、研究即工作的教师职业文化氛围，让学习交流成为教师的职业品质，让本校教科研工作落实到教师，聚焦到课堂，惠及学生，全员参与，人人获得发展，充分体验教育带来的幸福感！

2020年在北师大校长培训班来校汇报发言

"情润课程"体系
建设方案（节选）

党的十八大明确了"立德树人"的根本要求，全国教育大会再次强调：教育兴则国兴，教育强则国强。习近平在全国教育大会上针对教育改革发展提出了一系列新理念、新思想、新观点，特别强调坚持把立德树人作为根本任务。习近平在十九大报告中指出，建设教育强国是中华民族伟大复兴的基础工程。人才强国战略的深入实施，对课程改革提出了更高的要求。为积极响应国家政策，进一步深化教育领域综合改革，贯彻落实《北京市实施教育部〈义务教育课程设置实验方案〉的课程计划（修订）》（京教基二〔2015〕12号）、《北京市中小学培育和践行社会主义核心价值观实施意见》（京政办发〔2014〕52号）、《北京市基础教育部分学科教学改进意见》（京教基二〔2014〕22号），大兴区第二小学（以下简称"大兴二小"）基于学校办学理念，坚持以学生的发展为本，构建科学、完整、系统的课程体系，推进学校教育改革。

一、学校基本情况

略

二、"情润课程"的构建背景及策略

（一）大兴二小"情润课程"体系建设的背景

立足于国家对人才培养的要求，学校明确了课程的价值追求，课程建设应回归立德树人的本源。一个国家要培养人才，既要育智，又要育人。党的十八大以来，以习近平同志为核心的党中央审时度势、高瞻远瞩，高度重视培养社会主义建设者和接班人，坚持把立德树人作为中心环节，把思想政治工作贯穿教育教学全过程，实现全程育人、全方位育人，努力开创我国教育事业发展新局面。大兴二小全面贯彻党的教育方针，发挥课程在人才培养中的核心作用，紧紧围绕课程改革的核心理念，以学生发展为根本，以教师培训为基础，以项目研究为牵动，以教学研究为推力，以课堂教学为载体，以评价制度为导向，全面实施课程改革，推进素质教育，落实立德树人的根本任务。

立足于教育改革对课程建设的要求，学校明确了课程的发展定位，课程建设应关注学生的全面成长。《基础教育课程改革纲要》明确指出，增强课程对地方、学校及学生的适应性；设置了综合课程，以适应不同地区和学生发展的需要。新课改是为了适应社会进步和教育的发展而实施的课程改革，是课程本身及教材理念的根本性变革。教育部近期出台关于新高考的一系列文件，强调变革考试评价制度，促进人才培养方式的转变；增加综合素质评价的内容，推动素质教育，促进学生的全面发展。综上可知，新课程的根本指向是人的发展。大兴二小树立科学的质量观，处处以学生为主体，关注学生的实际收获，关注学生全面成长，以学生需求为出发点开展教学，提升学生学习、生活的质量，为学生的终身发展和一生幸福奠基。

立足于学校自身的办学实践，学校明确了课程的构建路径，课程建设应推动育人模式创新。多年来，学校积极响应北京市教育综合改革的号召，根据《北京市实施教育部〈义务教育课程设置实施方案〉的课程计划》，结合学校的办学理念、办学思想和育人目标，落实义务教育小学阶段开设的课程以及地方课程与校本课程的要求，关注课程的整体育人功能以及学科内、学科间的联系与整合，加强综合实践活动课程的开发与实施，大力培育和践行社会主义核心价值观。通过多年的探索实践，大兴二小围绕"育人无价 以情加值"的文化核心价值观，突出生命的价值，突出教育中的情怀，把教育理念融入教育教学的全过程，打造"涵养真情，润泽生命"的"情润教育"的育人新模式。

（二）大兴二小"情润课程"体系的构建策略及两个关注

1. 大兴二小"情润课程"体系的构建策略

（1）深度学习，强化课程建设的理论支撑。只有加强课程建设的理论支撑，才能进一步深化对课程的认识，抓住问题的关键，提高课程建设的指导性、预见性和有效性。大兴二小在课程建设中，注重课程理论的学习。学校鼓励教师不断学习课程开发研究的新理论，借鉴课程建设的优秀经验，通过广泛学习，汲取各种课程理论精华，形成切合自身发展的课程理论指导规范，以促进课程的多样化发展。

（2）整体规划，优化课程建设的顶层设计。大兴二小在国家教育方针、课程纲要的统领下，通过广泛调研、专家论证，梳理学校的历史和现实，理清学校课程发展的资源优势，并基于课程建设发展的现状，找准课程建设的切入点、生发点、突破点，从课程目标、内容、实施、评价等课程建设诸环节层面，对学校课程发展的各层次、各环节、各要素进行统筹规划，明确学校课程建设的基本路径。

（3）多措并举，注重课程建设的专业引领。课程建设是一个专业性很强的工作，从理论到实践，有特定的内涵与范式要求。大兴二小在课程建设中注重专业引领，一是加强专家引领，以专家团队的培训与指导，助力教师教学能力的提升；二是加强课题引领，着眼于学校课程发展的具体情况，以课题研究为依托，解决学校在课程建设中面临的具体问题。

（4）科学统筹，确立课程建设的长效机制。建立科学、系统、规范的长效管理机制，是学校课程稳步发展的关键。大兴二小以评价考核与服务保障为抓手，一是科学设计考核评价体系，构建科学、公平的课程建设考评机制，充分发挥评价的引领激励功能，激发教师课程建设的能动性和创造性，为学校课程建设注入源源不断的活力；二是构建服务保障体系，从培训、财力支撑以及完善制度等方面形成规范有序的课程建设支撑体系，促进课程建设的可持续发展。

2. 大兴二小"情润课程"的两个关注

（1）关注"情"的认知体验。小学是人生的奠基阶段，童真、童趣中需要建立起正向的情感连接，父母亲情，同学友情，以及对老师的感激之情，对自然的敬畏和热爱之情，都需要在丰富的教育活动中不断涵养，使之成为情感丰富、道德高尚的人。"真情"是教育的灵魂，师生间、亲子间只有真情相待，才能塑造美好心灵。小学又是素质教育的春天，构建完整灵动的课程体系是抓住儿童发展关键期的重中之重。大兴二小在课程建设中关注师生"情"的认知体验。学校深入理解"情"的教育价值，既注重情感关怀渗透，以情育师，以情育人；又注重情感激励引导，以情激趣，以情导学，让每个学生都能在积极的情感体验中收获成长。

（2）关注"润"的教育方法。泰戈尔说："不是槌的打击，乃是水的载歌载舞，使鹅卵石臻于完美。"儿童是一个个鲜活的生命体，而生命的成长是无时无刻不在变化着的，真正的教育是像呼吸一样自然发生的过程。大兴二小在课程建设中，倡导尊重学生的认知规律和思维特征，以充满人性化关怀的教育智慧与教育艺术，浸润学生智慧之花，让学生在潜移默化中引发学习动机，激发学生的学习兴趣，丰富学生的积极情感，培养学生的学习意志，引领学生从内而外地自主成长！

三、"情润课程"体系

"情润课程"的整体框架（见图1）

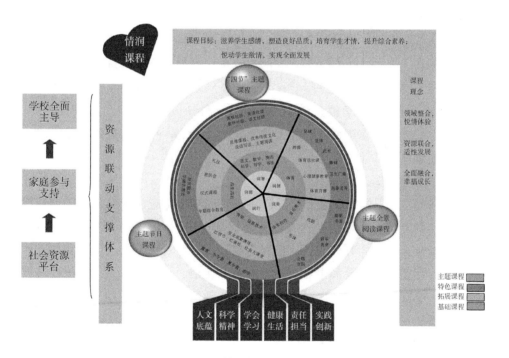

图1　"情润教育"整体框架

（一）大兴二小"情润课程"的课程理念

大兴二小在"育人无价 以情加值"的文化核心价值观引领下，以"适性悦情"的课程文化为定位，确立了学校的课程理念："领域整合，悦情体验；资源联合，适性发展；全面融合，幸福成长。"（见图2）

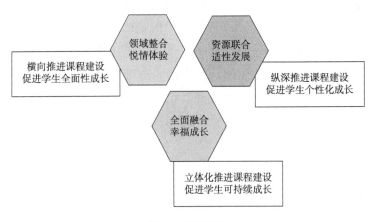

图 2　课程理念

1. 领域整合，悦情体验

领域整合有利于整合教育资源，打造优势学科；有利于汇通学科，促进教科研创新。大兴二小在课程实施的过程中，根据新课程的理念和精神，围绕教育任务和目标，寻找各门学科之间的联结点，填补各门学科之间边缘地带的空白，将分散的学科联结起来，促进学科知识的体系化、整体化构建，实现多学科之间、多理论之间相互渗透、相互补充，横向推进课程建设，增强学生情感体验，促进学生全面成长。

2. 资源联合，适性发展

课程越丰富，学生个性和兴趣发展的空间越大，越能开发学生的创造潜力。丰富的课程能为学生的成长创造肥沃的土壤。大兴二小在课程建设中，注重家校社会资源的有效联动，倡导与家长、教师及社会人士形成有效的沟通机制，注重搭建多元的平台，加强课程与生活、社会的联系，深化推进课程建设，丰富课程内容，让每个学生都能找到适合自己生长的土壤，实现个性化发展。

3. 全面融合，幸福成长

《关于全面深化课程改革落实立德树人根本任务的意见》明确指出："基本建成高校、中小学各学段上下贯通、有机衔接、相互协调、科学合理的课程教材体系；基本确立教育教学主要环节相互配套、协调一致的人才培养体制；基本形成多方参与、齐心协力、互相配合的育人工作格局。"人的成长具有阶段性特征，不同的年龄阶段具有不同的特征。实现学段间的有效衔接对学生的终身发展具有重要意义。大兴二小不仅关注幼升小、小升高的衔接，而且关注低、中、高每个学段的衔接。学校在课程建设中倡导加强年级间的交流，以学段的贯通带动课程、教研、特色等方面的贯通，将优质教育资源连贯布局，让每个学段的教师都能从孩子整体发展和学科的完整体系出发，通盘考虑、设计本学段的教学，立体化推进课程建设，实现课程的全面、全方位融合，促进学生的可持续成长。

（二）"情润课程"的目标体系

1. "情润课程"的目标构成

大兴二小"情润课程"的目标构成在教学目标层、学科目标层、教育目的层的基础之上，全面渗透德育目标，形成了学校全面、立体的目标体系（见图3）。

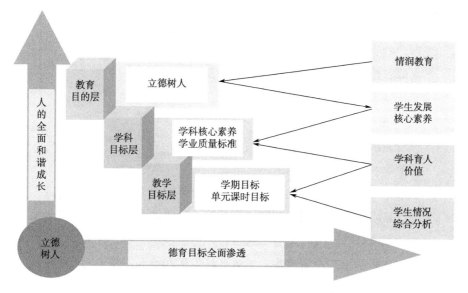

图3 全面、立体的目标体系

2. "情润课程"的目标

大兴二小在"育人无价 以情加值"的文化核心价值观引领下，将德育目标、学科目标、教育目的进行全盘思考，形成了"滋养学生感情，塑造良好品质；培育学生才情，提升综合素养；悦动学生激情，实现全面发展"的"情润课程"的目标，为学生成长加值！

（1）德育目标：滋养学生感情，塑造良好品质。学校在课程总目标下确定了德育总目标，并按照不同学段，提出了分层次的德育目标（见图4）。

图 4　德育目标

低学段（1~2 年级）

·热爱祖国、热爱家乡；

·爱亲敬长、友爱乐群、集体荣誉感强；

·初步了解生活中的自然、社会常识以及有关祖国的知识；

·保护环境，爱惜资源，具备保护生态环境的意识；

·形成自信向上、诚实勇敢、有责任心等良好品质；

·养成基本的文明行为习惯。

·中学段（3~4 年级）

·热爱中国共产党、热爱祖国、热爱人民；

·了解家乡文化特色和国家历史常识；

·了解中华优秀传统文化和党的光荣革命传统；

·理解日常生活的道德规范和文明礼貌，形成规则意识和民主法治观念；

·形成诚实守信、友爱宽容、自尊自律、乐观向上等良好品质；

·具有初步的生态文明意识，养成良好生活和行为习惯。

高学段（5~6 年级）

·热爱中国共产党、热爱祖国、热爱人民、热爱家乡；

·了解家乡发展变化，认同中华文化，继承革命传统，增强民族自尊心、自信心和自豪感；

·理解社会规范和道德规范，树立规则意识、法治观念，培养公民意识；

·养成热爱劳动、自主自立、意志坚强的生活态度；

·形成尊重他人、乐于助人、善于合作、勇于创新等良好品质；

·内修气质、外塑形象，掌握基本的社交礼仪。

（2）学科目标：培育学生才情，提升综合素养。大兴二小专注于推动并实现教育和课程标准的转型——从注重学科知识体系完备性向注重学生素养水平转变；从传统的重视教学过程向重视学生实际收获转变；从注重构建各学科知识体系向跨学科融合，促进学生全面发展转变，从而构建学校学科目标体系（见图 5）。

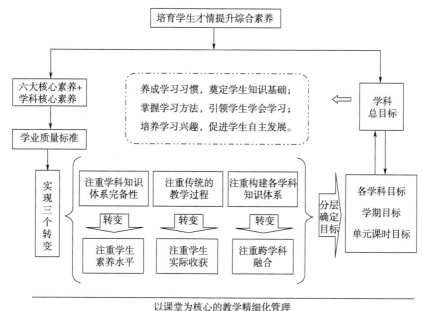

图 5　学科目标

（3）综合目标：悦动学生激情，实现全面发展。大兴二小在制定课程目标的过程中关注学生多元的成长。学校树立"生活是课程，教师是课程，活动是课程，社团是课程，教材是课程，课堂是课程，环境是课程，校风是课程"的课程观，通过多元的舞台，悦动学生激情，确定学生发展的综合目标，促进学生的全面发展（见图 6）。

（四）"情润课程"的内容设置

1. 课程结构设置

大兴二小注重课程形态的育人指向性与课程群的整体联动性，多年来，以整合为手段，以实践为抓手，以创新为动力，形成了立体化的课程设置（见表 1）。

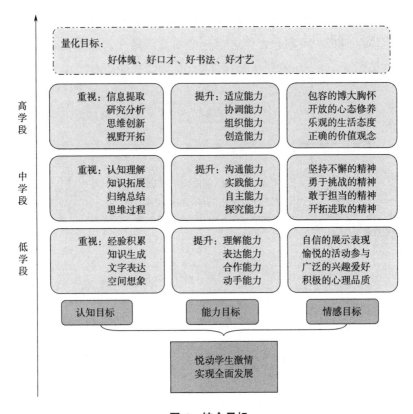

图6　综合目标

表1　大兴区第二小学（分校）周末大扫除检查评比记录表

领域层级	基础课程	拓展课程	特色课程	主题课程
润德	道法	班队会、专题综合教育、"我爱北京""大兴我的家"、礼仪、仪式、家长讲堂、校园播报	社区服务（3—5年级）、学做志愿者	"校园四节"（艺术节、读书节、科技节、体育节）主题课程 主题节日课程 主题全景阅读课程
润智	语文、数学、英语、科学、写字、书法	自主识字、诵读、思维课程、优秀传统文化、科普讲堂、外教课程、科学素养、说话写话、主题阅读、经典诵读	围棋、英语社团、数学社团、语文社团	
润健	体育	心理健康教育、"两操"	足球、篮球、跆拳道、武术、棒球、卫生广播、体育月赛、趣味运动会、体育运动课	
润美	音乐、美术	戏剧、形体、绘本创作	舞蹈、书画、话剧、朗诵、合唱、京剧	
润行	劳动、信息技术	安全疏散演练、红领巾广播、红通社、社会大课堂	露营、冬令营、夏令营、游学	

2. 课程结构解读

（1）横向结构。大兴二小以全面发展的核心素养为方向，转变育人方向，优化创新"情润课程"体系，将课程分为五大领域："润德领域""润智领域""润健领域""润美领域""润行领域"，促进学生身心健康、情感态度、实践能力等全面和谐成长（见图7）。

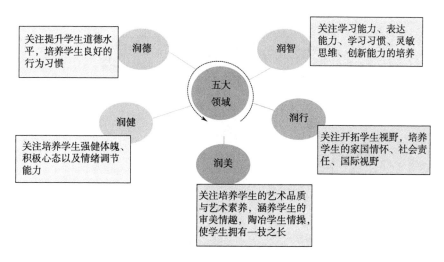

图7　课程的五大领域

（2）纵向结构。大兴二小"情润课程"根据新课改的要求，以"将国家课程做实、地方课程做活、校本课程做精"为基本原则，将课程结构纵向划分为"基础课程""拓展课程""特色课程""主题课程"四个层次，并确定了每个层次的关注点，以明确教师实施课程的方向（见图8）。

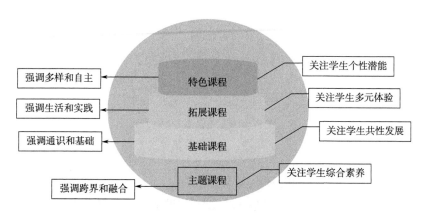

图8　课程的四个层次

(五)"情润课程"的组织实施

1. "情润课程"实施的两个关注

(1)关注"九个百分百"。为了突出学生核心素养(自主发展、文化基础、社会参与)的培育,大兴二小在课程实施中倡导要关注指向核心素养培育的"九个百分百"(见图9)。

图9 "九个百分百"

(2)关注"统整与融合"。大兴二小在实施"情润课程"的过程中,倡导提高教师的资源整合意识,积极整合优化学科内容、社会资源,持续拓宽、深化与校外相关单位协同育人的渠道与力度,着力推进"跨单元教材通识""跨学科主题教学""跨空间全域学习",构建多层次、多学科、全方位的教学平台,切实提高学生的实践能力、创新能力(见图10)。

图10 "统整与整合"

2. "情润课程"实施的基本模式

(1)基础课程。学科知识是学生必须掌握的基础知识,是学生独立面对并深入新的知识领域，从而不断地独立认识新问题，增加新知识的基础。大兴二小在实施基础课程时，倡导教师掌握六个教学模式的相互融合，掌握学生五个层次的递进学习，强调基础知识巩固、积极态度体验、综合能力提升的三个结果（见图 11）。

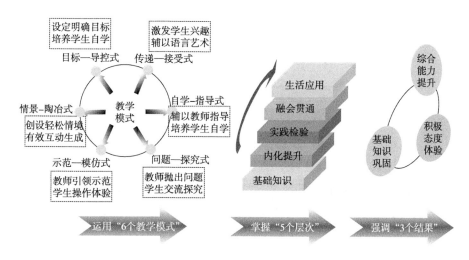

图 11 基础课程目标

（2）拓展课程。小学生的生理和心理发展，从一年级到六年级，大致有三个明显不同的阶段，即我们常说的小学低年级段（一至二年级），小学中年级段（三至四年级），小学高年级段（五至六年级）。大兴二小主张充分考虑学生的年龄特征，着眼学生一生发展，统筹六年学习，根据不同阶段学生的不同特点，阶梯化实施拓展课程（见图 12）。

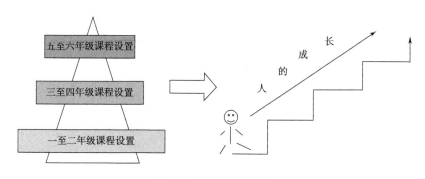

图 12 阶梯化拓展课程

（3）特色课程。大兴二小尊重学生的兴趣爱好，选择性地开设"菜单式"

选修课程，让学生自由选择，激发学生的兴趣，发展学生的潜能，促进学生个性化发展（见图13）。

英语社团	☐	语文社团	☐	京剧	☐
冬令营	☐	数学社团	☐	书画	☐
足球	☐	篮球	☐	跆拳道	☐
器乐	☐	武术	☐	夏令营	☐
棒球	☐	舞蹈	☐	……	☐

图13 "菜单式"选修课

（4）主题课程。大兴二小在实施主题课程的过程中，以"全域学习模式"为主，倡导以某一主题为主线，通过落实和聚焦各学科的三维目标，融合各门学科知识和学科目标，打通学习的场域，亦即打通学科知识和时空范围，开展各种形式的学习活动（见图14）。

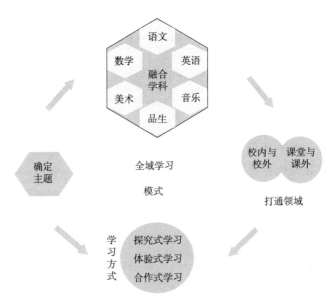

图14 全域学习模式

（六）"情润课程"的评价体系

1. 课程评价原则

（1）过程性原则：在关注学生课程学习质量及终结性课程评价的同时，

更关注于学生在学习、生活过程中的成长与发展。

（2）多主体参与原则：评价主体多元化，由教师、学生、家长及课程参与人员等共同进行客观的评价。

（3）激励性原则：在"等级制"评价方法的基础上，充分发挥评价的诊断功能，鼓励采用可以促进学生发展与成长的评价方法。

（4）差异性原则：针对学生的发展基础不同，依据学生的原有基础，制定个性化评价方案。

2. 课程评价内容（分德育课程评价和学科课程评价）

（1）班级评价：实行星级班集体，各类示范班评比。

（2）个人评价：评选出学习之星、纪律之星、科技之星、艺术之星、体育之星、读书之星等（见表2）。

表2　课程评价标准

评价内容	测评要素
学习之星	1. 明确学习目标和任务 2. 形成良好的行为习惯，具有创新意识 3. 善于运用科学的学习方法 4. 学习成绩和学习能力呈上升趋势
纪律之星	1. 不迟到、早退，遵守课堂纪律 2. 爱护公物、保护环境 3. 关心他人、助人为乐 4. 积极参加集体活动和社会实践活动，并认真负责 5. 做事踏实，表里如一 6. 学习、评比、竞赛不弄虚作假，考试不作弊 7. 言出必行
科技之星	1. 对科学有浓烈的兴趣爱好、有独特的创意和构想，热衷于创造发明和科学实验 2. 动手能力强，喜爱科技小发明、小创造、小制作等，有自己的发明专利或作品设计 3. 在学科学习、科技活动、社团活动中有较好的表现 4. 积极参加校内外的科技活动，在科技活动或比赛中取得较好成绩 5. 积极参加探究与社会实践活动，表现突出，成绩显著
艺术之星	1. 多才多艺，全面发展，综合素质、能力较强 2. 对艺术有浓厚的兴趣，有较强的艺术功底和审美能力 3. 具备文艺表演才能，积极参加校内外各类艺术团体 4. 有一定数量的艺术作品，在学校乃至区、市获得一定的奖项 5. 在音乐、美术、书法、演讲、摄影、舞蹈等方面取得显著成绩

续表

评价内容	测评要素
体育之星	1. 身体健康，学生体质健康标准测试 85 分以上 2. 积极参加体育运动，自觉进行体育锻炼，认真做好广播体操和眼保健操 3. 具有良好的卫生习惯和自我保护意识，认真上好健康课，掌握保健知识 4. 认真上好体育课，期末体育成绩优秀
读书之星	1. 喜爱读书、勤于读书，有良好的读书习惯，平时能广泛阅读各种书报杂志； 2. 积极参加班级、学校组织的读书展示活动，在班级推荐中能获得半数以上通过 3. 善于读书，在广泛读书的基础上，每学期能选择 2～3 本经典图书精读，并做好读书笔记，写好读后感 4. 读书致用，平时能将读书的喜悦与大家分享，能积极向同学推荐好书，能将书中的故事讲给大家听 5. 积极参加校内校外的各项读书活动，并取得优异成绩

（七）"情润课程"的管理与保障

1. 管理组织

学校成立管理小组，组长、副组长负责学校课程计划的总体设计，进行学校教师培训，组织实施 5 次校外实践活动，指导年级主任和教研组长制定 10 次校内实践活动，检查评价落实情况。督查各年级组有效实施课程计划，严格落实 10％学科实践活动课程方案。

小组成员负责督查本组教师严格执行学校课程计划，组织指导本组教师制定 10 次校内实践活动，严格落实 10％学科实践活动课程方案；组织本组教师进行理论学习，规范教学行为，提高教育教学能力。

2. 课程保障

（1）物质保障。争取资金，用于学校课程建设。

（2）组织保障。切实加强行政班子建设，教导处与德育处团结协作、敬业奉献，使之成为富有战斗力的师生表率队伍。

（3）制度保障。建立健全各项规章制度，在制度面前人人平等，努力使制度成为一种文化，影响和约束师生的日常行为；建立合理的奖惩体系。

2019 年学校接待北师大校长培训部分校长来校汇报发言

大兴区高爱军名校长工作室
建设与管理实施方案

一、指导思想

以习近平新时代中国特色社会主义思想和党的十九大精神为指导，紧紧围绕统筹推进"五位一体"总体布局和协调推进"四个全面"战略布局，积极强化"四个中心"功能建设，坚持以首善标准提升"四个服务"水平，建设首都南部教育新高地。依据《关于全面深化新时代教师队伍建设改革的意见》《关于深化教育体制机制改革的意见》《中小学、幼儿园、中等职业学校校长专业标准》《关于全面深化新时代教师队伍建设改革的实施意见》等文件精神和要求，进一步加强中小学校长队伍建设，促进校长专业化发展，努力造就一支政治过硬、品德高尚、业务精湛、治校有方的中小学校长队伍。

二、工作目标

第一，充分发挥教育领军人才在校长队伍建设中的辐射、引领和示范作用，以名校长带出名校长，提升校长的教育理论素养和学校领导管理能力。

第二，探索建立一套发现、培养中小学后备领军人才以及优秀管理干部的新机制；形成区域共建共管共享的校长培养培训网络体系。

第三，培养一批理解教育、研究教育、实践教育、创新教育的高水平校长团队；形成一支胸怀教育理想，具有先进的办学理念、较强的研究和管理能力、鲜明办学风格的优秀中小学校长队伍，使名校长工作室成为名校长和未来教育领军人才的摇篮。

三、组建原则

名校长工作室实行导师负责制，聘请大学教育专家、市级名校长作为指导专家，与导师一起形成指导团队承担工作室相关工作任务。

总量控制：名校长工作室严格按以上范围及数量选定，导师每两年进行一次评选，全区范围内在个人自荐、单位（科室）推荐、专家评议的基础上，确定候选名单，最终通过区委教育工委会研究确定，适时统一授牌。

结构合理：严格按照每个工作室导师1名、指导专家两名、工作助理两名、成员5名左右的工作室结构设置。

管理机制：名校长工作室由区教委组宣科牵头，教师进修学校干训部门具体负责，中教科、小教科、学前科配合，建立名校长工作室管理办公室，负责工作室工作的过程管理、工作效果、质量及年终考核工作等。

四、名校长工作室的组成与职责

（一）名校长工作室的人员组成

名校长工作室由三部分人员组成：一是导师校长，主持工作室的全面工作，是各工作室的负责人；二是工作室助理，由导师校长所在学校配备两名兼职助理，协助导师校长实施培训计划和进行日常管理工作；三是工作室成员，每位导师校长每期负责指导5名学员。

（二）名校长工作室的职责

1. 承担工作室成员的培训和指导工作

通过"名校长工作室"的培养，提升学员的政治思想、师德修养、领导能力和工作作风，拓宽教育视野，提高教育管理和创新能力，使学员的办学理念更加系统化、特色化，所在学校办学质量和办学效益有明显提高。

2. 搭建优秀校长集中研修的平台

建立校长积极参与、合作研修与自主发展的工作机制，全面总结校长的办学经验和思想，深入开展专题项目或课题研究。在周期内开展至少一项课题研究，形成一批教育教学改革实验和学校管理研究成果，并在全区乃至更大范围产生一定影响。

3. 带动和指导其他学校工作

以研讨会、报告会、校长论坛、跟岗学习、办学思想展示等形式开展工作，每年承担至少一次主题展示活动，充分发挥工作室的示范辐射作用。

此外，完成区教育工委、区教委交给的其他工作任务。

（三）名校长工作室组成人员职责

1. 导师校长的职责

（1）制定工作室成员周期培养目标和工作室年度工作计划，建立工作室工作制度。

（2）对工作室成员、助理进行考核，建立工作室成员成长档案。

（3）指导成员总结教育教学管理经验，开展课题研究，进行教育教学改革探索，对学员所在学校工作进行指导。

（4）完成工作室年度工作总结报告，周期内完成1篇学校管理创新与教育教学改革的研究报告。每年至少发表一篇学校管理方面的论文。

（5）按照专款专用的原则，负责工作室资金的使用和管理。

2. 工作室成员的职责

（1）依据个人实际，确立自身发展目标，制订周期内学习计划和研究项目。

（2）虚心接受导师校长的指导，完成安排的学习和研究任务，周期内举办一次具有区域影响力的学校活动，至少发表一篇学校管理方面的论文。

（3）在导师校长的指导下，总结学校管理经验、管理方法、管理模式，分析本人所在学校面对的机遇和挑战，提出学校改革项目或改进管理的实施方案。

3. 助理的职责

在导师校长的直接领导下，发挥组织、协调作用，完成导师校长分配的各项任务。

五、名校长工作室组成人员选拔条件

（一）导师校长的条件

（1）具有较高的思想政治素质，热爱教育事业，有教育情怀、奉献精神和较强的开拓创新精神。

（2）具有明确的学校发展目标和发展规划。

（3）具有扎实的学校教育教学管理经验，管理业绩突出，在全区或更大范围有较高的知名度。

（4）在任正职的特级校长或特级教师校长。

（二）工作室助理的条件

助理应为导师所在学校中层以上干部，由导师校长推荐，报区管理办公室备案。

（三）市级指导专家条件

（1）热爱教育事业，能够热情参与工作室活动，能协调安排好日常工作与工作室工作时间。

（2）师范类院校教授、北京市知名学校在任正职的特级校长或特级教师校长。

（四）工作室成员选拔条件

（1）具有较高的思想政治素质，热爱教育事业，有教育情怀和奉献精神。

（2）热爱教育事业，专业基础扎实，从事教育教学管理工作。

（3）本人有主动参与意愿和学习提升的愿望。

（4）45周岁以下的年轻校长和副校长，40岁以下的优秀中层干部。

六、选拔程序

（一）确定导师

经教委组宣科组织审查，参考专家评议意见，组建成功的名校长工作室正式授予"高爱军名校长工作室"称号。

（二）遴选学员

（1）公布条件：区教委通过教委网公布选拔条件。

（2）组织申报：个人自荐、单位（科室）推荐相结合。

（3）审核遴选：管理办公室组织专家进行评议，由专家提出评议意见，经区委教育工委会研究确定成员人选，并根据评议意见分派导师。

七、名校长工作室的运行机制

（一）研修形式

名校长工作室工作的开展采取研训结合的形式，与教育教学研究相结合，与区域干训工作相结合。研修过程注重集体学习与自主学习相结合、线上线下相结合、理论实践相结合的方式。研修年限为两年，在自主学习的基础上，学习频率为每隔周集中学习半天。

（二）管理机制

各工作室的导师校长、助理、指导专家及成员实行动态管理，若因工作调动、岗位调整、健康问题、参与积极性等因素，不能很好地履行相应工作职责，可由工作室或本人向管理办公室申请，经管理办公室批准，适时予以调整。

（三）考核评价

名校长工作室的考核主要包括：常规工作、活动开展、研训成果、成员发展和特色创新五项内容。考核由管理办公室组织进行，通过查看原始材料、听取工作室的汇报、听取学员意见和实地考察等形式进行。考核分为优秀（最高比例不超 30％）、合格、不合格三个等级。考核为优秀的工作室将在第二年给予增加经费的奖励。年度考核不合格的工作室，限期三个月进行整改，整改后仍不合格的，取消名校长工作室资格。

八、经费保障

名校长工作室的建设及工作经费由区教委统筹，每年为每个工作室提供研究运行经费 5 万元，经费拨付到导师校长所在学校，主要用于名校长工作室的（图书）资料购置、学习研讨和学术交流等培训活动、成果材料印制和专家指导等相关费用的支出。

九、本年度工作室具体活动计划

第一，依据个人实际，制订周期内学习计划及发展规划。

第二，积极参与或主持课题研究。

第三，每学期成员共读4～6本管理类书籍，撰写读书笔记。

第四，在周期内组织一次具有区域影响力的学校活动。学员组织的活动在不同学期内进行。

第五，在导师的指导下，组织好工作室理论导师或实践导师现场实地指导活动。

第六，学员每月进行学习分享，包括读书心得、工作经验、工作困惑等。

第七，每学期期末完成一篇文章，3 000字左右，最好能发表。每学年要有研究性报告，周期内形成工作总结报告。

第八，在情况允许下，进行参观交流活动，向"他山之石"学习先进理念与经验。

2021年高爱军名校长工作室成立汇报发言

育人无价　携手同行
以情加值　和谐共建

为贯彻落实《国家中长期教育改革和发展规划纲要》，大兴区教育委员会《关于推进区域城乡教育均衡发展的工作意见》，深入学习贯彻党的十八届三中全会精神，顺应北京教育综合改革的形势，在区委区政府的领导下，按照区教委的相关要求，大兴区第二小学作为庞各庄协作区的加盟校，围绕"共建、共研、共享、共评、共学"的机制，秉着"育人无价 携手同行 以情加值 和谐共建"的原则，取得了较好的成绩。

一、提高认识，保障实施

（一）以完善的机制保障工作

为保证教学工作的顺利开展，学校成立了领导小组并下设办公室。校长担任组长负责规划指导，副校长担任副组长负责具体教学工作，相关的部门、年级主任作为领导小组成员。

为确保教学工作的高质量，学校提出了"四有"的要求：工作开展有领导，工作安排有任务，工作实施有方案，工作过程有督导。

（二）以科学的理念做好工作

一枝独秀不是春，百花齐放春满园。我们深知，只有携手同行，才能将我们的基础教育做大做强。因此，我校整合各种资源，建立相应机制，为实现教育的均衡和谐发展发挥强有力的推动作用。

（三）以真诚的心态开展工作

真诚的心态是保证工作高水准和持久性的关键，几年来，我们一直默默坚守着自己的承诺，肩负着加盟校的责任。在工作中，学校坚持"以情促立"的原则，"用心面对"的态度，本着"求真务实"的作风、"情同手足"的情谊，精心组织，周密实施。在工作中，学校提出做到"四心"：虚心接受任务，热心给予帮助，全心做好服务，精心组织实施。

二、脚踏实地，"三共"并进

（一）共研

1. 师徒结对

协作区名师工作室导师由我校张艳清副校长担任，她同时是大兴二小语文名师工作室的导师。借助于这个平台，把我校语文名师工作室中优秀的骨干教师与其他学校年轻教师结为师徒关系，确定的基线是狠抓教学，守住教学底线。通过系列研修活动，师傅深入徒弟的课堂，问诊徒弟的课堂，一起向课堂要效益，向课堂要效果，让教学成绩说话，让学生的实际获得说话。

2. 师徒对话

名师工作室导师张艳清利用自己的专题研修活动，邀请兄弟学校的教师一起研课标、研教材、研学生、研课堂，让"名师"与"名师"，"名师"与学员互相交流、取长补短、共同进步。

3. 跨校教研

我校语文名师工作室的师傅们深入兄弟学校，通过一对一的教研活动，与徒弟同备一节课，同上一节课，在听课、评课、研讨的过程中，大家各抒己见，争先发言，在"研讨、培训、切磋、引导、交流"中收获颇多。

（二）共享

1. 负责命题评价及承接活动等工作

学校把每学期的学生期中考试试卷及"新星杯""卓越杯"教师笔试试卷作为一种资源，共享于兄弟学校。并受组长校的委托，承办了协作区教师"新星杯""卓越杯"笔试工作及协作区视导工作。

2. 优质资源共享

当学校有外请专家、校内优质课堂开放和名师讲堂等活动时，在协作区微信群内，提前公开信息，邀请共同参与，共同受益；最大限度地发挥优质资源的辐射作用。

（三）共学

1. 教师融合，活动融通

作为"加盟校"，有义务进行教师融合、活动融通，实现合作共赢。为此，进行了协作区"说教材比赛""新星杯"大赛等教学竞赛活动。在2022年的区级"新星杯"大赛前，我校负责准备笔试答卷，安排考场，统一进行了检测活动，各校教学干部共同阅卷、共同分析、共同评价，确定了参加区里比赛的教师名单。

2. 搭建工会活动平台，丰富教师生活

为了丰富广大教师的业余生活，我校工会在协作区内组织教师的文体活动，其中2022年教师节的太极扇表演，是融合了各校教师的一次展演活动，既修身养性、强身健体，又弘扬了传统文化，促进了各校教师的友爱及互助。

三、展望未来

过去的一年是忙碌而充实的一年。协作区成员中有百年历史的老校，也有建校几年的新校，有地处边远的农村校，也有身处黄村地区的直属校，但我们都有一个共同的教育情怀：以学生为本，与学生共成长。将在大兴区这片肥沃而深情的热土上，在各位学校领导的深切关怀下，携手同行，慧心思考，孜孜追求，深深扎根教育教学的土壤深处，根深叶茂，厚积薄发，在润物细无声中，定会听到拔节的生长声！

2023年在庞各庄协作区期末总结发言

发言集锦

一、加强少先队组织阵地建设　打造鼓号队品牌的独特魅力

尊敬的各位领导、亲爱的辅导员朋友们：

大家上午好！

今天我发言的题目是《加强少先队组织阵地建设，打造鼓号队品牌的独特魅力》。

我校自 2007 年建校至今，各项工作正以一种朝气蓬勃的发展势头向前推进。少先队工作在学校工作中占据着特殊的地位。我作为一名校长，深深地感受到少先队组织阵地建设的重要性，是少先队工作走向科学化、制度化、自主化的重要保证。

（一）领导班子注重指导、加强学校少先队组织建设

我校主抓全面工作的副校长曾担任过大队辅导员，在她的协助下，经过周密的计划和细致的筹备，我校已经召开了两届少代会。在少代会期间，学校领导班子认真审议了队员们的提案，并认真讨论给予答复，责成各部门严格落实。在大会上，有报告、有选举、有表彰、有决议，少先队员代表向领导敬献了鲜艳的红领巾。根据少代会要求，重新选举了大队委员会成员，代表们用"豆选""旗选"的方式投了庄严的一票，使学生们体验了民主选举的快乐，增强了主人翁意识，为打造一支强有力的小干部队伍奠定了坚实的基础。

建设一支高素质的辅导员队伍对于推进少先队事业的发展具有重要意义。

明确队伍建设的目标，努力建设一支具有奉献精神、科学意识、创新能力，作风严谨、工作务实的少先队辅导员队伍。不断提高辅导员的整体素质和能力。每学期我们都要对中队辅导员教师进行培训，请专家举办讲座，使其了解中队辅导员的任务和职责，向着专业化、制度化、规范化的方向前进。

（二）大力支持少先队阵地化建设

（1）为了给队员开辟一片自己的活动天地，经领导班子决定在教学楼的中心地带建大队室，队室外的长廊建成一块"队味"浓郁的"少先队殿堂"。这个想法很快得到了全校师生的支持和响应。首先在全校范围内征求设计方案。本着以"队员为本"体现少先队特色的宗旨，真正为队员开辟一个接受少先队文化教育的阵地。经过两个多月的施工装修，投资近 6 万元，队员的活动基地终于建成了：队室装饰一新，以红色为基调，体现了学生的童真、童趣。整个墙壁设计新颖的队章、队歌、入队誓词、作风、呼号等鲜艳醒目。旗架、鼓号架均为不锈钢制成，队旗插放整齐美观。"少先队殿堂"成为队员接受少先队知识及革命传统教育的宣传阵地。每学年开始，我校都要组织新入学的学生参观队室，小干部负责讲解，对新生进行少先队基础知识的启蒙教育。同时让新生了解本校的队史，使他们更加热爱学校，热爱少先队，激发他们要求早日入队的愿望。这里成为小干部的培训基地、交流讨论工作的会议室，还成了少先队活动成果的展示阵地。各种杂志、材料、图书、活动器具，提供给各中队、小队借鉴、参考和开展活动使用。

（2）2009 年下半年，我校投资创建了"红领巾校园电视台"为少先队开展活动提供了广阔的平台。通过视频转播，学生的才能有了充分展示的舞台，小干部的选举、投票、结果做到了公开、透明。小主持人的招聘，编辑小组的成立，栏目的开设，小记者站的成立，使得全校的队员都能参与其中，真正成为为学生服务的阵地。

（3）为了深入开展红领巾读书活动，学校专门在三楼开辟了红领巾书吧，配备 3 万册图书，供学生阅读。队员们自主管理，在知识的海洋里遨游。周一至周四中午对学生开放。每个学期下来，平均每个孩子至少能多看三四本课外书。另外，每个中队还设立了读书角、生物角。这为学生开阔眼界、增长知识创造了良好的学习氛围。"小百灵"红领巾广播站的开设，使健康、活泼、向上的奥运歌曲、少年报上的小故事、少先队基础知识、基本技能和礼仪及相关的时事内容及时传播给学生。各中队的队角建设，记录了中队、队员点点滴滴的成长历程。

（三）强化少先队品牌工作——鼓号队

鼓号队工作是我校的一个亮点，自建队之初，学生就非常关注这支队伍的发展。为了给辅导员教师一个优越宽松的训练环境，在时间和资金上学校给予大力支持。做好学生的思想工作，购买新的乐器，使其坚持训练；努力协调好教学与鼓号队训练的关系；每学期评选优秀学员，并给予表彰；鼓励学生多参加校外活动，使他们开阔眼界，增强自信心。

2007年10月11日，在天安门广场人民英雄纪念碑前参加了奥运志愿"微笑圈"少年版发布仪式，充分显示了首都少年儿童的风采。

2008年1月21日上午，我校全体鼓号队同学、学校领导、辅导员教师冒着严寒集合在西芦大街繁华地段为庆祝奥运倒计时200天开展"千把小号吹响奥运号角，微笑传递队员喜迎奥运"的主题活动。

2008年3月25日上午，在特种兵营区举行了大兴区管乐、鼓号行进大赛，我校取得了一等奖的好成绩。

2008年8月8日上午，我校鼓号队同学参加了大兴新城奥运火炬接力传递活动，孩子们的意志和爱国的热情得到了充分的展示。

2009年10月1日，新中国成立60周年庆典正式开始，恢宏的气势，热烈的场面，全世界的目光都集中在天安门广场。在万众瞩目的地方，在整齐的鼓号队方阵中有我校21名队员的身影。我们感到无比的光荣和自豪。

2010年第三次少代会发言

二、开学典礼上的讲话

尊敬的老师、亲爱的同学们：

大家上午好！

相信大家都度过了一个愉快的假期，并且怀着激动的心情参加今天的开学典礼，更会带着无限的热情与希望投入今后的学习、生活、工作当中。

回顾刚刚过去的一年，是令人喜悦的一年，是取得丰收的一年。我们全体师生团结合作，开拓创新，锐意进取，获得了很多可喜的成绩，在此，我向你们表示衷心的感谢！

习近平在参观《复兴之路》展览时指出："实现中华民族的伟大复兴，就是近代以来中华民族最伟大的梦想。""中国梦"包含亿万中国人的"我的梦"，而无数中国人的"我的梦"的总和，就是伟大的"中国梦"。同学们不要认为这个话题离我们很远，这里的无数中国人就包含我们在座的每个人。梦想可以让我们更加强大，可以给我们无限的动力，没有梦想的人，浑浑噩噩，难成大器。同学们在过去的一年里怀揣着心中的梦想，努力学习，快乐成长，今天更应为了心中的梦想而努力。

"中国梦"如同摩天大厦，"我的梦"则好比一砖一石。国家兴旺，匹夫有责。要圆伟大的"中国梦"，同样是人人有责，责无旁贷。你们是祖国的花朵，你们现在在学校接受教育，学习知识，学习做人，长大后你们要像老师、父母那样用自己的聪明才智开拓自己的未来，实现个人的梦想，报效祖国，擎起祖国前进发展的大旗，实现伟大的"中国梦"。

上学读书为了什么？很多人有不同的答案，1911 年在沈阳东关小学的教室里，老师问："你们读书的目的是什么？"有的同学回答说为了当官，有的说为了发财，也有的说为了光宗耀祖，年仅 13 岁的周恩来回答的却是"为中华之崛起而读书"。一语惊人，掌声四起。这是非常值得我们学习的，只有从小给自己树立远大的理想、抱负，才能在今后的学习和生活中不被困难击败，披荆斩棘一路向前，长大后实现我们的梦想。

"居安思危，思则有备，有备无患"在社会不断进步的今天，我们同样要心系祖国的发展，只有从小就树立远大的志向才能取得辉煌的成就。

梁启超在《少年中国说》中指出："今日之责任，不在他人，而全在我少年。少年智则国智，少年富则国富，少年强则国强，少年独立则国独立，少年自由则国自由，少年进步则国进步，少年胜于欧洲，则国胜于欧洲，少年雄于地球，则国雄于地球。"可见一个国家的繁荣昌盛与少年息息相关，年轻人要在老一辈人创造的条件下，接好他们的班，你们是站在巨人肩膀上的少年，有良好的基础，所以要更加努力，为祖国的繁荣发展贡献自己的力量。

关于梦想，2012 感动中国人物刘伟对青少年是一个很好的学习榜样，他一直坚持为梦想拼搏。刘伟 10 岁那年的一次意外触电事故，不仅让他失去了双臂，更剥夺了他在绿茵场上奔跑的权利，耽搁了两年学业，妈妈想让刘伟留级，他死活不干。在家教的帮助下，刘伟利用暑假将两年的课程追了回来，开学考试，他取得了班级前三名的好成绩。重回人生轨道的刘伟，一直对体育念念不忘，足球不行，就改学游泳。12 岁那年，他进入北京残疾人游泳队，两年后在全国残疾人游泳锦标赛上夺得两金一银。同学们，当我们在学习和生活中遇到困难的时候也要坚强地面对，不要放弃，就像刘伟一样为了自己梦想而活，就算自己残疾也不放弃希望，为了我们自己的目标和梦想一切都值得。

在大兴十小这个集体里也有我们十小的梦。一位位辛勤的园丁兢兢业业，一朵朵花蕾即将绽放。学校未来规划定位于追求"美的教育"，为学生的终身发展奠基，以"美"打造学校品牌，创造出大兴十小的辉煌。这个目标的实现不仅是教师的责任，同样是每名学生的责任。新的学期已经开始，今天，我们在这里举行开学典礼，对本学期的工作进行安排动员和要求，希望全体师生严格按照学校的要求，在新的学期里，制订切实可行的计划，以饱满的热情，积极的态度，负责的精神，精心安排教研组、年级组、各个班级及个人的工作和学习任务，营造崇尚科学、文明、创新进取的良好氛围，为取得更好的成绩而努力奋斗。

最后，祝各位老师身体健康，工作顺利，祝各位同学学习进步，天天快乐！

2013 年秋季开学典礼发言

三、做好每一件小事就是成功

各位领导、老师：

2015 年至 2016 年度第一学期即将开始，在大兴这块土地上，我们一直是真诚地付出着。但是，教育事业是一项没有终点的长跑，需要随着社会的发展和人的发展需求而不断地摸索，创新与规范办学、依据教育规律是相辅相成、并不矛盾的教育特点。在我们前进的道路上，有时感觉疲惫，有时感觉茫然，有时感觉委屈……这些感触大家是共同的，或者说这是教育者必须接受的。但是，我们回忆一下，在这些过程中，我们在与学生的思想碰撞中会感到无与伦比的幸福感和成就感。什么是兴趣？兴趣就是通过努力取得成功，在一件事情上不断成功，你就会对这件事感兴趣。我们的任务与责任是社会中最伟大的。没有比把学生从不会走路领上路，让他学会正确走路，会走直路，由走到跑这个过程更伟大、更新奇、更让人心情激动的事情了。面对一项如此美丽的工作，你还有什么理由疲惫、委屈、茫然呢？当你对教育有了最初的领悟，你就想对它有多一点的了解，多一点的研究，你就离优秀老师的距离不远了。其实每件事都不复杂，每个人都有情感，说实话总比说谎话简单，做对事总比做错事容易，按要求做总比违反要求简单，爱别人总比恨别人心里舒服，对人微笑总比漠然对方心情愉悦，其实，工作就这么简单，生活就这么简单。

老师们，试着这样做，我们的学校，我们的老师，我们的学生就离成功不远了，让我们一起简单地走向未来。

学校犹如一把大伞，每个人是一根伞骨。大兴二小的工作是大家的工作，大兴二小是我们的家，希望全体同仁共同献计献策，共同营造我们美丽的家园。

注意：

第一，德育研究与教学工作紧密结合，与班级管理紧密结合，与课堂紧密结合。

第二，及时评价班级管理工作、教学工作、学生工作，评价方式多种多样。

第三，教师的学习内容、教学业务需要提高要求，要从课堂上、班级管理上找差距，找学习点和研究点，发现问题，找到改进措施，寻找理论依据。

2015 年全体教师会动员讲话

四、争做志愿者

尊敬的辅导员老师，亲爱的少先队们：

大家早上好！

有这么一群人，他们默默奉献，不求回报；他们无处不在，哪里需要帮助哪里就有他们；他们年龄不一，大到耄耋老人小到几岁孩童。有人说他们傻，他们淡然一笑；有人被他们的奉献精神感动，悄然追随。他们是谁？他们有一个共同的名字：志愿者。

"志愿者"这三个字，充满了温馨和魅力，当一个人脱口而出：我是志愿者。这个人身上焕发的活力、自信、自豪一定让你油然而生敬佩之情。想起在 2008 年北京奥运会上和 2010 年上海世博会上的志愿者们，他们也都年轻，有着一颗热情的心，他们整日地忙碌在人山人海中，为国家的盛会辛勤付出。当然，我们更不能忘记在 2008 年汶川地震后，一批批英勇的志愿者团队，用自己无私的奉献，帮助身边的人生活得更好。

　　一个人的价值应该看他做什么，而不该看他得到什么。中国自古以来就是礼仪之邦，从"乐善好施"的千古贤句到雷锋的"为人民服务"，华夏儿女一直用行动诠释着"助人为乐"的最佳定义。当志愿者是不易的，作为一名小学生或许没有办法像其他志愿者一样地付出，可是身边的小事却是你们力所能及的。从今天开始，我们每个中队都要建立志愿者队伍，赶紧加入中队的志愿服务队吧，让我们把志愿者服务做得有声有色，即便是做一些打扫卫生、服务社区的小事情也同样充满意义，虽然我们不是大山，不能像大山一样撑起天空，可我们是一粒并不普通的石子，投入人们心中就能泛起一圈圈的温馨和暖意。爱没有距离，爱总能温暖你我；投身志愿服务，人人都是志愿者。

　　参加志愿者活动注重做好眼前的事。教室里、过道上的废纸，我们应停下脚步，将它们拾起；无人的会议室、教室，我们应把灯关好；绿色的草坪、鲜艳的花朵，我们应绕开它们，保护它们……生活处处需要志愿者，让我们积极主动地参与志愿者活动。在志愿者活动中，锻炼我们的能力，增强我们的自信心，激发我们的爱心，培养我们的社会责任感，提升自身的价值。在志愿者活动中，我们不仅能实现自身的价值，心灵上也会感觉到快乐。在学雷锋纪念日即将到来之际，让我们一起争做志愿者，让我们竭尽所能，去帮助每个需要帮助的人，创造一个有爱的社会，迎接更美好的未来！

　　　　　　　　　2011年在大兴区第十小学成立志愿者团队仪式上发言

五、"少先队建队日"讲话

尊敬的辅导员老师，亲爱的少先队员们：

　　大家好！

　　金秋十月，丹桂飘香，我们刚刚度过了伟大祖国母亲67岁的生日。今天，在火红的队旗下，我们即将迎来属于少先队员自己的特别而神圣的节日——中国少年先锋队建队日。

　　1934年10月，由于国民党百万大军的疯狂"围剿"，中央红军被迫实行艰苦卓绝的战略大转移，一支8万余人的红色大军从江西出发，从此踏上生命的远征。在此期间，他们面临的形势是：天空中每天有几十架飞机轰炸，地面上每天有几十万大军"围追堵截"。但在党中央的指挥下，红军创造了一个又一个奇迹。泸定桥边、大渡河畔珍藏了他们英勇无畏的身影；雪山草地、高山峻岭留下了他们坚毅执着的脚步；四渡赤水、智谋出兵记录着他们胜利后的笑容。1936年10月，三大主力红军胜利会师，革命先辈用"坚韧不拔、勇往直前、百折不挠、坚持不懈"的长征精神谱写了感天动地的长征之歌。二万五千里长征，不仅创造了世界的奇迹，更保留了中国革命的火种和力量，为领导中国人民进行抗日战争，为中国革命力量的发展壮大，为新中国的建立奠定了基础！

"明镜所以照形，古事所以知今"。我们回顾长征历史，而是为了不忘初心，弘扬长征精神。有了这样的精神，我们才能从容地藐视困难、顽强地面对困难、乐观地克服困难；有了这样的精神，我们才能以蓬勃向上的风貌，激发创新能力，生成向上的激情，焕发无坚不摧的力量。

亲爱的同学们：位卑未敢忘忧国，天下兴亡，匹夫有责。我们要牢记历史使命，高举长征精神的火把，从身边的小事做起，在学习上、生活中遇到困难要勇敢面对、百折不挠，要学会在失败与挫折中磨炼自己坚强的意志，努力做好每件小事，因为每个小梦想的实现，都是在为中国梦助力。13亿个小梦想，合起来，就是我们伟大的中国梦。

少先队员们，让我们带着长征精神，高擎民族复兴的大旗，怀揣祖国腾飞的梦想，一路高歌，向着未来阔步前进吧！

2016年建队日活动对全体少先队员讲话

六、走进科技 走进梦想

尊敬的老师们、亲爱的同学们：

大家好！

在硕果累累的金秋时节，我们迎来了大兴二小2016年科技节。我们知道，科学技术是第一生产力，科学技术是人类社会发展的不竭动力。我们应该"插上科学的翅膀，放飞科学的梦想"。2016年学校科技节的主题是："走近科技、走近梦想"，希望通过机器人进校园、科幻画评比、自然知识竞赛、科技小制作、科普专家进校园和走进大兴一中实验室等活动，让全体同学走近科学，走近梦想。我相信，同学们在科技节系列活动中，定会激发起强烈的求知欲，树立远大的理想，从而在科学的道路上奋勇攀登，尽情遨游。

小学是人生的起始阶段，也是梦想开始的地方。许多大科学家如牛顿、爱因斯坦、居里夫人、杨振宁、霍金等，都是在这个时期树立了献身科学的理想，并且在以后的科学研究中做出了伟大的贡献。我们应该向他们学习。也许，我们的同学在不久的将来也会成为一名优秀的科学家，因为未来不是梦；也许，我们的同学没能成为科学家，但我们要争做一个具有科学态度、追求真理的人。所以，同学们要积极参与活动，全面提高自身的科学素质，养成爱科学、学科学、用科学的良好习惯，形成科学的态度，掌握科学的方法，培养独立思考、自主探索的创新精神和创新意识，做一个既具有科学理念，又具有科学实践能力的新人。

希望大家用激情和活力，用聪明和才智到舞台上尽情演绎，展现自己的特长；以睿智的科学思维和敏锐的科学眼光，积极地实践，大胆地想象，勇敢地创造！愿科技节成为你梦想的摇篮，为你插上腾飞的翅膀！

最后预祝本届科技节圆满成功！谢谢大家！

2016 年科技节全校活动发言

七、"情润课堂"校长致辞

尊敬的各位领导、各位来宾、各位家长、老师们、同学们：

大家下午好！

感谢您在繁忙的工作中抽出时间参加大兴区第二小学"情润课堂"的汇报演出。在这美好的日子里，我们相聚在大兴影剧院，进行"情润课堂"展示汇报，在此，我谨代表学校，向给予本次汇报演出大力支持的各位领导、家长们、老师们、同学们，以及为本次活动顺利举办辛勤劳动的所有工作人员表示衷心的感谢！

大兴区第二小学，自 1960 年建校，至今已逾 56 载。50 多年来，二小人历经无数风雨；50 多年来，二小人同舟共济；50 多年来，二小人努力拼搏；50 多年来，二小人深积后淀，终于形成了 50 多年后的今天根植于大兴二小人内心的独特文化。近两年来，大兴二小立足于国家对文化建设和教育发展的要求，充分认识到生命无价、潜力无价、体验无价、创造力无价的内涵；认识到情是润物无声的细雨；情是吐丝无尽的奉献；情是培土育苗的养分；情是扶人向上的清风；情是困难之中的双手；情是攻克难关的坚毅。情，是一种活力；情，是一种动力；情，是一种忘我投入和前行的兴致；情，是挚爱教育的胸怀，是育人无价的升华。在此基础上，大兴二小提出了育人无价，以情加值的"价值教育"核心价值观。

学校以立德树人为根本任务，遵循"善教以能，立人怀志 乐教以情，育人有品"的办学理念，开展丰富多彩的学生实践活动，为学生搭建平台，展示学生的风采，为学生今后的发展打好坚实的基础。

同时，我校在领导的关心与支持下，深入探索，不断创新，把我们的情根植于课堂，立足于学生，深化课堂教学改革，并取得了一定的成果。今天，我们为大家呈现的"情润大课堂"课程建设成果汇报活动，将通过课堂学习、学科实践，展示我校学生的核心素养，突出我校润德、润智、润健、润美、润行的五大课程领域。通过观看这次汇报演出，相信大家会对我们大兴二小有一个全新的认识。

最后，衷心祝愿我们的学校，我们的"二小人"在新的一年里，不断努力，奋进前行，取得更优异的成绩；也顺祝在座的所有朋友们，新的一年里，健康！快乐！

2017 年情润大课堂汇报展示现场发言

八、研读新课标内涵 探索新课程模式

各位领导、各位专家、各位同仁：

大家上午好！

我校围绕新课标和课程发展一直在不断研修，今天，我把大兴二小这几年在课程研究工作中的一些成果和现在正在做的课程体验和大家分享一下。

"为党育人，为国育才。"大兴二小崇尚本真，秉持"情润教育"，办让人民满意的教育，推出了具有二小特色的"情润课程"，其中蕴含的五大课程领域分别是：润德、润智、润健、润美、润行；以"情润"为中心，包含了四大课程层次，分别是：基础课程、拓展课程、实践课程、综合课程。

新课程标准颁布以后，我们发现："语文课程学业质量标准"就是以核心素养为主要维度，结合课程内容，对学生语文学业成就具体表现特征的整体刻画。

新课程理念主要有三方面的转变：

（1）让课程理念转"虚"为"实"。

（2）让教学目标变"隐"为"明"。

（3）让教学行为化"柔"为"刚"。

为了深化学生对文本的阅读体验，拓展阅读面，我们实现了"由单篇到多篇""由单科到多科""由校内到校外"的持续拓展，对国家课程进行了重组和融合，实现了学科内教学内容的整合，开启了我校课程建设的 1.0 版本。在此基础上，我们打破学科界限，在同一个阅读活动中融入不同学科的元素，使阅读活动与学科教学有机结合，发展出"阅读引领、学科兼容"的"主题全景阅读课程"（2.0 版本）。学生的成长既需要在校"读万卷书"，读好"有字之书"，更需要到广阔天地去"行万里路"，读好"无字之书"，增长见识，为了培养学生终身学习的意识，提高社会交往的能力，在教育改革形势发展与学生学习需求不断提升的背景下，我们又进一步把学习场景由校内扩展至校外，实现了跨学科、多场域、全领域的"主题全域学习课程"，将特色课程升级到 3.0 版本。

在原有特色课程建设成果的基础上，我们进一步深化和统一了"五育并举""植根学生中华优秀传统文化"的思想认识。依托"中国红"主题，聚焦"北京文化"，开展了"中国红"综合实践活动课程。从学生的真实生活和发展需要出发，从生活情境中发现问题，并转化为活动主题。

我校三年级的学生通过"名人故居"子主题，在课上了解北京名人的事迹，利用课余时间纷纷走进北京各大名人故居。通过走访名人故居，完成初步调查报告，了解名人故居的保存现状。通过了解北京美食，到了解北京老字号品牌以及文化内涵，再到最后的动手制作。

学校在德、智、体、美、劳"五育"融通中，植入红色文化的元素，让学生从活动课程、个体生活及社会生活的实践中，获得丰富的"红色文化"体验。通过红色文化探究、制作、体验，弘扬中华优秀传统文化，培养学生的综合素质，做红色接班人，把特色校本课程建设推到一个新的高度。

以上是我校做的一些尝试与研究，请大家批评指正。

2023 年在大兴区第二小学区级汇报发言

九、2014 年学校工作思考与建议

各位同仁，大家好！

马年已至，借着这个好的征兆，我们思考一下学校的工作。我们做的是有方向性、目标性、年龄特点、社会需要、个体差异、人的发展需要的事情。我们做的是小学基础教育，基础指什么？是根基，是发展的根本需求。有习惯的基础、知识的基础、技能的基础、情感的基础、交往的基础、生活需要的基础等。

在过去的几年里，我们在课程、习惯、课堂、体育、艺术、科技、校本培训等方面都有较大的进步，根据国家的教育总体设计和规划，我们应明确一个问题，就是教育要突出文化、育人的特点，教育要体现在课堂和课程中，所以我们今后的工作要以基础教育、育人为中心，研究每项工作的细节。

下面我说说几点建议：

第一，提升学习力。学习是各项工作的基础，干部要学习，每次例会我们要提高研究效率，进行案例分析，剖析事情本质，找到解决办法。把课程研究、课堂研究作为研究的重点。每周固定时间为干部听课日，课后研究反馈。教师学习方式拓宽拓深，把教研日的部分时间作为学习交流的时间。

第二，必须加强学生的读书要求，培养校园读书氛围。学校的文化很多内容是与读书相关联的。读书是学生的本分，可以开展各种知识趣味竞赛，促使学生努力读书。建立学校、教室读书小吧，学生充分享受读书的方便。

第三，班主任、辅导员队伍管理与指导。班级事务班主任绝对负责制，将放与管相结合，指导要及时、具体。

第四，美的课堂教学要有我校的特点和模式。围绕"兴趣为媒、育人为本、体现自己"做功课，然后根据模式做指导，有章可循，指导时要根据个人特点和需要，每月进行每个年级一至两个科目的小型检测，每个科任教师每学期最少测试一次，要具体可行，让教师明确要求。

第五，2014年，我校校园、班级文化建设（环境布置）的主题是"以生为本，创新思路"，希望教师和学生结合2014年1月15日研讨会的建议共同完成这项工作。

第六，发挥骨干教师和组长的作用，强调组长的重要性，在学校开展的各项活动中体现组员的团结和协调一致，尤其是今年的文化节和教研日。

第七，每位体育教师最少带领一个课外小组（拓展到每个科任教师），加强体育课和课间操学校窗口的目标要求，规范工作，强调学生体育技能和强身健体的责任意识。

第八，学校的学科教室建设还要深入，教室授课率太低，有专用教室的教师必须在专用教室上课，每学期期末让学生再评价哪个专用教室受学生喜欢。

第九，学校的信息化软件建设和硬件管理双加强，争取申报信息化数字校园，选优秀教师做学校信息化应用观摩课。

各位同仁，希望我们继续加油，开始新一年的工作。

2014 年全体教师会上发言

学校工作思路集锦

一、2015—2016 学年第二学期学校工作思路

2015—2016 学年第二学期，我们依据五年规划总体目标和发展策略，突出做好"一一三四"工作。一个主题、一个底线、三个基础、四个工程。我们的工作主题是建家园、续情缘；一个底线是消灭家长教师到教委及上级部门的上访事件和信件、电话；三个基础是学生学业基础、制度健全基础、教师班级管理基础；四个工程是学校理念特色、国际交流、课程建设、教师素养提升工程。具体任务及措施有 15 点。

第一，不能头痛医头，脚痛医脚，为了学生发展，要全盘谋划。

第二，和谐家长与学校的关系，征求家长协会、家长朋友、班主任、社会关心教育人士、专家等的意见，以多种方式，分层分解，防止家长反馈问题的不正当形式。

第三，课程建设与课堂文化是密不可分的，科学设计实施课程，努力构建浓情课堂。

第四，戏剧课程从教师培训到学生演出，引进专家、指导教师，外出观看表演学习，全方位开展此项工作。

第五，读书工作要列入学校建设中，校中有书，班中有书，办公室有书，思想中有书。

第六，党政工同心凝聚教师感情，鼓舞教师干劲，树立教师典型，传承二小精神。

第七，德育工作内容繁多，基础工作扎实，班主任队伍要强大，成立班

主任研究工作室主题活动宣传到位。学生习惯教育与培养要与学生生活、学习紧密结合。

第八，建设一支思想作风过硬的体育教师队伍。本学期要组织好学校体育节，尽量解决学校空间狭小与学生体质提升的矛盾。

第九，培养二小优秀教师团队，推出二小学科领军人物，提炼优秀教师的教育思想，充实二小文化思想宝库。

第十，培养我校优秀干部队伍，本学期要派出最少五名干部，到市级先进学校轮训学习一周，把握科学决策与谋划能力。

第十一，安全、后勤要进一步严谨、科学、规范工作，时刻站好学校保护、建设这一班岗。

第十二，重视学生心理工作，成立学生心理研究团队，关爱特殊学生群体。

第十三，教师发展学会继续完善工作机制，研究实践方式，出版实践成果。

第十四，科研工作要整理现有学校课题状况，规划学校未来课题研究方向，带动教师做研究型教师，校级课题人人参与。

第十五，学校优势项目要发扬光大，德育精品活动、语文的八大课型、舞蹈、校本课程、优势社团、骨干教师成长等。

2016 年全体教师会上发言

二、2018—2019 学年第一学期学校工作思路

面对教育改革的大背景，面对课程改革的大背景，面对学生需求多样化的大背景，面对首都教育政治需要的大背景，我校要以情润教育为目标，引领学校各项工作科学、有效地快速发展。

（1）干部以工作原则为标准，学习、学习、再学习，实践、总结、反思、创新。比其他学校站得高一些，想得早一些，做得细一些，要求严一些。

（2）夯实党建工作，党员必须成为旗帜，本学期开始每月例会要有党员事迹宣讲。

（3）创新思路开展各项工作，本学年开始教师要分析、掌握本班每个学生的性格特点、思维特点，形成学生档案。

（4）教学工作要一盘棋，每个学科要有计划、有发展目标、有重点培养方法。语文、数学两大学科要抓队伍建设，抓课程内容，形成大兴二小课程体系，课堂常规要严格执行。

（5）德育、少先队工作一盘棋，以堂堂正正做人、培养良好习惯为第一目标，即身体健康、做事认真、习惯良好。

（6）班主任队伍建设要加大力度，每位班主任要自我剖析，形成自己的工作风格。

（7）金帆的奋斗目标已经确立，向全体教师公示三年规划，全面提升学校干部、教师、学生、家长的艺术理论水平和实践能力。

（8）总结、反思、提炼以往三年工作的得与失，重新规划学校 2018—2021 年工作，确立各部门、各岗位发展方向和学校的重要工作。

（9）学校的文化建设在硬件和软件两方面同步发展，硬件建设体现美观、优雅、实用，软件建设体现规范、情润和创新。

（10）科研工作继续实现教科研一体化，带动所有教师科学做事、科学管理、科学规划。

（11）体育工作一直在进步，但离更高的目标还有距离。体育达标工作、课间操质量、把学生的身体健康与每节课紧密联系在一起的理念还有进步空间。全员体育、全学科体育与体育教师的职责紧密相连。

（12）学生的卫生保健工作要深入每个教师心中，近视、肥胖等问题要引起重视，不要停留在口号上，要有儿童成长观。

（13）信息工作已深入每个人的生活中，要建立健康信息发展理念。

（14）安全工作要规范、系统、科学管理，眼到、嘴到、手到、心到。

（15）教师发展学会、吴正宪团队、张艳清语文名师工作室团队建设要积极开展、创新工作，研究工作方式和内容。

（16）教学质量监测与教学常规监督、检查要做细、做实，树立良好的教风、学风。

（17）一年级与六年级的常规管理和成绩提升是学校的发展基础和价值体现，每位教师都要为学生和学校努力工作。

（18）后勤工作服务第一，规范制度，节俭持家。

（19）工会做好教代会行使权力和关心教职工的生活，创新活动方式。

我们都是普通人，有家庭、有情感、有私心。面对教育，我们必须树立正确的教师观；面对学生，我们必须树立教师的高大形象；面对课程改革，我们必须学习；面对繁杂的世界，我们必须内心安静。让我们手拉手、心连心，每天面带微笑，内心充满自信，投入感情、充满激情、怀有才情地进入每天的课堂和学生中。

2018 年全体教师会上发言

三、2018—2019 学年第二学期学校工作思路

2018 年 9 月 10 日和 10 月 18 日，分别召开了全国教育大会和北京市教育大会。2019 年 1 月 18 日和 1 月 23 日，分别召开了区级小学教育工作会和教育工委教育工作布置会。教育的战略地位、工作目标、工作方法都论述其中。反思 2018 年，我们取得很多成绩，喜迎 2019 年，我们信心满满。2019 年定为大兴二小情润课程年，规划课程、研究课程、用好课程。引领教师为了学生要用爱、用情、用心站在课堂上。引领学生为了社会要有爱、有情，专心学好做人做事的本领。

工作思路有 15 点。

(1) 举办大兴二小工作大家谈，所有干部要成为坛主，以情润课程和行政管理为主题，自己设分论题，利用班子会和中层会完成，在 2019 年一年中做完，提升干部的理论水平。

(2) 举办大兴二小学科年会，围绕课程和课堂，我们要以研究和实践为基础，以研究课题为依据，融入教育戏剧、传统文化、学科课程目标、大兴二小学校传承等内容。时间定在 2019 年 6～7 月。

(3) 研究校本教研目标和具有实效性的活动方式，所有人要清晰懂得团队的力量永远大于个人的力量。

(4) 班主任团队建设和理论提升还要继续做好，专家引领、重点实施，站得高才能行得远。

(5) 数学、语文、英语等学科团队建设和集体研究的氛围还要进一步加强，要让我们的学科科研理论水平达到区内领先水平，向市级先进水平冲刺。

(6) 德育、少先队与教学的融合还要进一步加强，德育的有痕教育是为了学生的无痕成长。

(7) 教师、家长、社会都要重视学生的身心健康，体育教师、学科教师、班主任、家长都要各负其责。一个健康的生命要由健康的环境和健康的教育

共同培育。卫生工作是学生健康的大事，不是三个卫生室教师的事，肥胖、近视是孩子成长的天敌。

（8）戏剧金帆是大兴二小的梦想之一，我们要为实现梦想而努力，要为大兴二小的荣耀而战。

（9）科研工作不是几个课题的事，是教师业务能力的一部分，做教育必须科学而严谨，课题引领是教会我们怎样成为科研人，所有教师都要在自己的岗位上学科研、用科研。

（10）信息化是我们这个时代的标志，教育信息化是教育发展的必然，我们不能排斥，不能瞎用，自己要会用，要帮助学生辨别使用。

（11）安全责任化、网络化、体系化的作用越来越突出，安全是学校发展的生命线。

（12）做好一年级招生、六年级毕业工作，市级、区级学科抽测的准备与实施工作。每月抽测与教学检查要细化、科学、合理。

（13）后勤保障工作服务质量与态度是第一位的，全体人员听从指挥，爱校如家。

（14）工会工作和教代会的作用要重视，按照规定定期召开教代会，做好退休教师的慰问和发挥退休教师的精神影响作用，组织在职人员文体活动，关心教职工的生活。

（15）干部和教师队伍建设团队成长要与个人成长兼顾，骨干教师培养与作用发挥要重视，对策要实用。

全体教师和干部，二小在我们的肩上沉甸甸的，我们不能弯腰驼背，必须精神百倍，我们是领头羊、领头雁，每个脚印都要实、稳，方向正确。祝愿我们的学校 2019 年吉星高照，成绩优异！

2019 年全体教师会上发言

四、2019—2020 学年第二学期学校工作思路

本学期注定是个不平凡的学期，从正月初一学校接到疫情防控要求以来，我们已经提前进入开学状态，本学期工作思路的主题是：严格执行上级延迟开学要求，围绕"情润"教育办学理念，为大兴二小学生的全面发展尽职尽责。具体要求和工作建议有 9 点。

（1）学校管理要体现团结、快速、落实、层级的特点。团结是指上下一心，年级组、教研组要有组织领导能力；快速是指疫情防控期间每天或者每刻都有上级通知，要快速反应；落实是指政策贯通，落到实处，不得出现应付的思想和行为；层级是指从校长到主管干部再到年级主任或教研组长，学校近200名教职员工，分成一个个独立的团体，特殊时期要以小团体为执行单位，具体落实。

（2）在制定延期开学工作方案时，学校要有具体方案引领，年级要依据学生实际情况，把五育并举的思想融入学案之中，做到一个不丢下，实现学校、教师、学生、家长和社会五位一体，在这个特殊时期，摸索出一条创新之路，家校沟通在这个时候尤其重要。

（3）班主任工作一直是我校关注的重点。2019年4月至12月，我校对班主任进行了系统培训，希望理论与实践无缝对接，对班中每个学生的身心健康、居家学习、防控知识普及，以及家庭环境、人员情况的掌控做到心中有数。特殊时期对学生的成长更有意义。

（4）在这个特殊时期，信息技术将发挥巨大的作用，希望全体教师要科学、有效地使用信息技术，并且指导学生、家长使用信息技术，切忌多用、乱用、滥用，保护学生的身体健康。

（5）体育工作指导是这个时期学生居家必备的工作指南，所有班主任与体育教师配合，针对年级具体情况制定学生居家身体锻炼方案，针对个别学生制定个案。

（6）关注不在京、家庭困难、单亲家庭等特殊学生群体，给予特殊关爱。

（7）及时召开干部、年级组和教研组视频会，虽然不能见面，但要工作渠道畅通，做到一贯到底。

（8）特殊时期，请全体教职员工保护好自己和家庭成员，严格执行防控要求。

（9）各位干部及时关注上级通知，在特殊时期完成上级的各项工作部署。

在国家、市、区级领导的带领下，我们一定能够团结一心，守土有责，保证大兴二小的疫情防控和延期开学工作平稳、有序，共同迎接学生正式走进校园的一天。

2020年3月全体教师会上发言

五、2020—2021 学年第一学期学校工作思路

全新的一个学期即将开始，本学年我们遵循育人无价，以情加值的核心价值观，要以生命至上、健康至上、正直做人、认真做事的标准要求教师和学生。本学年定为"凝心聚力年"。

具体工作思路有 8 点。

（1）学校的校风、学风和教风必须以正能量进行引领，精神风貌是各项工作顺利开展和取得良好成绩的关键，所以我们要凝聚人心，团结拼搏。

拼搏一：干部队伍建设。创新工作方式和成长方式，要以自我成长推动学校进步，要以学校的荣耀为我们的使命，要以学生的成长为我们的责任，要以教师的成长为我们的心之所系。

拼搏二：教师队伍建设。校本研修继承与创新并举，大团队建设的理念永远是二小人的法宝，木桶理论是二小生命力持续迸发的底线思维。数学、语文、英语、体育、艺术、科学、道法和实践等各大学科团队必须以专业和融合两个角度考虑发展，用心经营二小，用心经营班级，用心经营学生的心灵。心中有情，心中有爱，心中有天地。

拼搏三：家校工作。实践证明，我们现在不能关起门来办教育，要静心办教育，要办大教育。家庭与学校的合作、共融、共商、共行和共思越来越重要。我们要深入研究社会、家庭和学校三方教育的角色、比例和责任，教育是需要科学依据和科学方法支撑的。

拼搏四：学生成长。不管是素质教育还是五育并举，最终教育要的是教育质量。科学的质量观是教师教育的目标，是学校办学的目标，是社会需要合格人才的保障。我们从高质量的课堂、班级管理、习惯养成、课外阅读、健康理念和人格塑造去拼搏，研究寻求科学成长之路。

（2）学校的各项工作要讲感情、讲政策、讲规律、讲科学、讲团结、讲质量，以二小的精神为我们前进的动力，以二小的社会口碑为我们行动的指南，以二小人的自豪为我们工作的情之所系。

（3）这个学期开学与以往不同，要调整思路和方法，要以实际情况为依据，耐心、爱心、细心、精心地做好各项工作，思路清晰，指导到位，要求明确，开拓创新，上下一致，内外一致，家校一致。

（4）以新的绩效工资评价方案开展工作，边做边思，征求各方意见，真

正使重点岗位、重要岗位、负担责任重的岗位和绩效突出的人员落实到位。

（5）大兴二小 60 年校庆是我们心中的里程碑，60 年风雨同舟，60 年攀登跋涉，我们要用二小人的方式纪念她，正式成立筹备组，大家共担、共创、共荣。

（6）京剧金帆依旧是我们艺术前进的梦想，从档案整理入手，从学生的训练抓起，成立争创工作室，扎实开展争创工作。

（7）开学初，教导处收集教师上学期各种备课、上课的留痕材料，收集学生的各种学习留痕材料和暑假作业。办公室牵头，德育室和教导处总结 2020 年 2 月至 7 月的工作经验和教师、学生的各种创新做法，编辑成册，向大兴二小 60 年校庆献礼，永远留存。

（8）按照上级要求，依据我校的实际情况，做好开学前各项准备工作，做好顺序错峰开学初的各项工作。干部各就各位，教师各就各位，以二小大局为先，以本职工作为点，学进脑，思虑全，帮扶带，标准高。

二小是风扬正劲的时候，我们是挺立潮头的当家人。忆往昔，几代二小人交于我们手中一杆辉煌大旗；看未来，企盼的目光正在注视我们，注视我们将怎样谱写二小的历史。我们一定擎着这杆辉煌的大旗在激情中攀爬，你我他都将把高大的背影印在这一段历史中。

2020 年 9 月全体教师会上发言

六、2021—2022 学年第一学期学校工作思路

在上一学期工作思路中，我们把 2021 年定为大兴二小新发展年，意为我们在 2020 年走过学校 60 年奋斗征程的基础上，从 2021 年开始要有新的发展目标和奋斗精神。

（1）干部的学习、创新与引领作用永远是学校发展的关键。我们必须明确学校的发展目标、发展路径和发展瓶颈，用我们的思想、行为和永不退缩的精神领航二小这艘大船。做好三年规划，做好工作计划，做好一切工作的筹划。本学期，干部工作例会要加一项“我对二小的思考与行动筹略建议是……”意为对自己主管工作的宣讲与引领，让所有教师更明白努力的方向和行为措施，融合进学校的办学思想。

（2）教师的发展要与时代特点、双减工作、学校办学思想和二小三年发

展规划结合在一起考虑。首先，干部要明确一点：教师是二小 60 余年能够发展并且让百姓口碑认可的根本，我们要始终把教师的积极性调动到最大程度。如果因为我们的工作不到位，提供的条件不充分而打消了教师的积极性，那是我们对二小的失误与渎职。充分了解教师的发展需求与情感需求，在工作与生活上细致入微。未来三年二小的教师发展面临动态调整，我们要用责任、水平和情感努力工作。

（3）从本学期开始，吴正宪及其团队对大兴二小数学团队的引领，将以新的五大主题和新的课标实验为依据，创新活动形式，每月活动内容进行实效策划，我们对前景充满信心。10 月 28 日将以区级现场会的方式，对数学团队五年的发展与成果进行全面总结，目的是梳理成果，总结得失，继续前行。

（4）语文课程中心和张艳清名师工作室活动，带动了全校语文教师的发展取得显著成效。自全国统编教材改革以来，我们对语文学科的发展格外关注。张艳清对大兴二小语文的贡献突出，学校决定在 2022 年 4 月至 5 月期间，举办张艳清语文教学实践研讨会，目的是梳理与总结大兴二小的语文教学工作，张艳清从一名普通教师成长为语文特级教师的工作经历，激励了广大干部教师毕生为教育、为大兴二小贡献力量。另外，语文学科的发展要站位高，全体语文教师要带动全校 2 300 余名学生成为语文小达人。

（5）英语及其他学科要完善，创新校本教研方式。双减工作实施后，校本教研时间要有改变，大兴二小的团队建设不能放松。政策宣讲要到位，教师认识要到位，行为研究与落实要到位。教师的成长与学生的发展息息相关，我们的思维重点最终要落在学生身上。

（6）班主任团队建设与个人发展是综合考虑的事情。团队建设是做好方向的把控和方法的引领；个人发展是希望 57 个班的班风、班级风格与班主任个人特长相融合，每个班主任都能带出优秀的班级。班主任的综合能力提升至关重要，我们要找到问题，针对性地解决问题。

（7）双减工作从 9 月 1 日开始全面落地，学校要综合考虑五项管理、课后服务、教师理解、家长宣传等全面工作，保证所有人理解到位、认识到位、行为到位。

（8）德育少先队工作精细计划，将二小本校实际与区级工作融合，学生的习惯养成、活动育人、班风建设、精神传承、学生多元发展是主要内容。京剧及其他精品社团的发展与学生普惠性课后服务共同发展。京剧社团的冲金梦想一定要实现。

（9）教科研工作已经取得阶段性显著效果，被评为北京市科研先进校。现在教师的科研课题的申报与科研精神越来越强，成为有思想、有能力、有专业精神的教师、名师，是我们对教师的期许。

（10）工会工作要更加规范与完善，学校的工会工作成效逐年显著，教师的满意度越来越高。政策的民主性是学校发展的必然，要让教师可以说话，敢说话，真正成为二小的主人。

（11）学生体质发展是全校每个人都要重视的事情，上好体育课，上好课间操，做好体质健康监测，安排好学生课间活动，合理安排学生的午间休息，监督食堂的食物质量，培养学生正确的书写姿势，指导学生健康的心理成长，所有人员都是学生健康的守护者。

（12）安全工作是各项工作的保障。校园设施安全、学生活动安全、防疫安全、消防安全、交通安全，这些工作需要所有二小人看得清、想得细、做得实，希望每个人责任在肩。

（13）信息工作是后勤工作，但是关系到每堂课、每个学生的发展，从教师的信息化素养，到学生信息化功能的完善，既要用，又要用对用好，需要每位教职工思考和落实。

（14）后勤服务保障工作要做好。科学管理，勤俭谋算，精心观察，适当调研。

（15）团结、奋斗是事情成败的关键，思想、行为是事情成败的途径，大兴二小是我们每个人心中的信念，记住教师的称呼，用一生去诠释这个称呼。

各位干部和教师，坚持走在前进的路上，攀登的途中，距离最高处、最远方就又近了一步。

2021 年全体教师会上发言

七、2021—2022 学年第二学期学校工作思路

本年度的工作主题是情润教育的五育并举研究实践年。

（1）采用多种方式，深入研究实践。学校层面、年级层面、教研组层面等多种渠道共研。

（2）干部队伍建设要突出行政与业务共同成长的理念。每个人建立成长档案，梳理个人成长目标，建立定向培养机制。

（3）教师队伍建设要突出德才兼备。骨干教师、优秀教师、党员教师要身先士卒，所有教师要以个人岗位为坚守方向，明确个人发展目标，从个人实际出发，反思实践。

（4）党的二十大召开在即，党建工作要深刻学习实践党组织领导下的各项工作发展，从内心真正拥护中国共产党，成为共产主义的坚定实践者。每位教师要以培养红色后代、合格的社会主义接班人为己任。

（5）课堂要改变，课程要系统发展，突出五育各自的内容、作用，真正明白五育融合的内涵。中国红项目在第一周要出方案，从第二周开始实施。方向和方法在实践一年的基础上，继续创新发展。

（6）建立课堂研修模式，每周一小研，每月一大研。小研时以年级为单位，每次一节课；大研时以学科为单位，每次为周五大教研时间。研究的内容是：课堂 40 分钟要做什么？怎么做？学生的收获在哪里？哪些内容为重点？目标在哪里？等等。研究的主持人：小教研以组长和组员轮流为主持人，组长负责；大教研以各位干部为主持人，并可以邀请教研员和专家为导师，真正实践课堂改变的策略，真正达到课程育人的作用。吴正宪团队活动、语文名师工作室活动融入于此。

（7）德育在五育中占有特殊地位，融合于各项工作中。我校的德育工作十分出色，在发展中要再突出全员性，每个二小学子都是受教育的对象，都是文化的受益者。班主任作为学校的班级领导者，要成为二小班级特色荣誉、形象的展示者。结合灵润班主任工作坊工作，要做到有知识、有能力、有爱心、有信心，集智慧与创新于一体。学校的每位教职员工要充分体现以学生为中心的发展工作理念，不允许在学生工作中出现有违教育的言谈举止，要充分体现教师的良好形象。开学后第一周在年级会上，年级主任要带领每位班主任与所有任课教师分析班级和年级学生情况，摸清底数，制定策略，因材施教。以校级家委会、班级家委会为抓手，以全体家长为依托，科学性、艺术性地教育、管理班集体。

（8）体育工作、美育工作、劳动教育课程化实施。要让每位教师都储备学习、实践研究五育内容，灵活运用，不拘泥于一种形式。在上学期期末研讨会上，有的教师提出了课堂要移到室外的想法。基于此，所有教师都可以有多种课堂模式，有多个课堂场所，尽大兴二小之所能；也可以两三个教师同上一节课，不仅是双师课堂，还可以是多师课堂。学校只是教育的基本场地，但是教育的思想是开放的。

（9）张艳清语文名师工作室实践研讨会要召开，目的不是宣传张艳清个人，旨在梳理大兴二小语文教学 20 年乃至更长时间的成果和大兴二小语文教师的敬业、创新、锐意改革的精神。研讨会的宗旨是朴素、简洁，突出团体精神。

（10）安全工作、后勤工作要突出细和实，既要严格制度，又要考虑教师和学生实际，做到有温度、有水平、有效果。

（11）课后服务要精心设计。与课堂融合，将合理配置资源，科学融入学校工作中。以课后服务为平台，发扬二小的优良传统，高质量地发展艺术教育、科学教育和体育教育的竞技水平，全员提升素质，突出培养精尖人才。冲击京剧金帆，为北京市艺术示范学校、北京市科技示范学校、北京市体育传统校注入勃勃生机。

（12）教科研工作要有数量，研究的参与人员越多，课题数量越多，普及性就越好。研究中要深度融合，应用到学科课和学校的大、小教研中，教科研的根本目的是提高整体教育和教学水平。

每一次的出发都要定好方向，选好路。我们在新的学期开始之际要认真思考，承前启后，对本职工作要清晰，对每位教职工要入心，对二小的目标要求要高质量，制订计划要体现可实施，有方法。走在二小发展的路上，我们是心中有光，脚下有路，胸中有大天地的教育人。

2022 年 3 月全体教师会上发言

八、2022—2023 学年第一学期学校工作思路

交流轮岗工作开始实施"双减"工作的理性开展，一年级语数双包的实践研究……这些工作的思考与实践，必须成为每位干部和教师的工作主责，另外，常态化的工作与创新性的工作要处理好辩证关系。本学年工作主题是五育并举深入发展年。

（1）大兴二小现有党员 95（其中退休党员 33 人）人，五个党支部，以党的二十大召开为契机，以党组织领导的校长负责制为抓手，以党建与业务深度融合为宗旨，要树立党在各项工作中的领导作用，培养红色接班人，打造红色教师群体，在情润教育文化体系下，用智慧与爱心，做高大的二小人，做德才兼备的教育人。

（2）干部是学校部门工作的领航人。年级主任以上 26 名中层干部要扛起发展二小的责任，用实际行动和创新思维坚定工作目标，锻炼优秀品格，凝练工作方法，带领教师团结协作，发现问题、研究问题、解决问题、总结反思、扎实工作。

（3）班主任的最重要任务是班级建设。在班主任工作坊培训和我校班主任敬业、奉献的精神基础上，班主任科学研究班级特色建设方略，是我校班主任的当务之急，而且现在有一部分班主任有很好的班级管理经验和做法。我们要两手抓，一手抓好的典型做引领；一手抓弱势群体促提升。所有干部要树立这两种意识，讲究工作策略。

（4）教研、科研是一种教学经营，二小有二小的特点，在新课标出台的契机上，我们要重新分析教学、课程、课堂、年级、教师、学科因素，在教学上下真功夫。在吴正宪、张立军、张艳清各种名师工作室的带领下继续前行，在所有学科提升素养上认真琢磨，艰苦创新，提高学生成绩和综合素养。

（5）德育与少先队工作是一体的。从现在起，学校倡议所有德育内容在少先队组织下开展，党领导团，团领导队。二小大队辅导员和德育主任永远是一体的，所以在工作上，怎样实现德育工作的课程化、细节化、特色化，是我们永远追求的目标和常态化德育教育的内容。

（6）体质健康与心理健康是师生幸福生活的基础，从现在开始科学设计工作方案和坚定实施攻坚策略。师生健康成长要同步发展，教师没有健康的身心，怎能担任教育的重担？怎样做到为人师表？健康、阳光、向上的校园生活关系到校园中的每个人，我们最终的目标是未来二小人的靓丽风采。

（7）信息化教育面向未来，后勤科学管理，安全教育渗透，学校育人环境建设，工会工作民主化，教师交流轮岗，卫生工作提升认识，一年级语数双包新工作形式，新教师的培养，骨干教师的培养，课后服务的设计，艺术教育的发展，干部培养方式的创新，科研课题研究的引领等工作要科学思考，理性设计实施方案。年级主任以上各位干部都对新学期的工作提出了中肯的建议，学校开学后会认真落实。

二小是大家的二小，我们以此为傲，以此为戒，以此为起点，希望各位干部在书写新学期工作计划时，脑中有思考，眼前有方向，心中有情感，实施有智慧！

2022 年 9 月全体教师会上发言